Henning Schmidtke

Es ist nicht alles so scheiße, wie du denkst

30 Gründe, warum die Welt heute besser ist als früher

riva

Inhalt

Warum dieses Buch? –
Henning Schmidtke im Interview

Herr Schmidtke, wie kamen Sie auf dieses irre Thema?
Wieso irre?

Na, wenn man Nachrichten schaut, hat man nicht das Gefühl, dass die Welt irgendwie besser wird.
Das liegt aber nicht an der Welt, sondern an den Nachrichten. Die sind im Zweifel negativ. »If it bleeds it leads«, sagen Journalisten in den USA, zu Deutsch: Aufreger bringt Auflage.

Ach? Jetzt sind also die Medien wieder schuld!
Ja, allerdings! Dazu gibt es sogar Studien. Zum Beispiel sind die Schlagzeilen der »New York Times« mit den Jahren immer negativer geworden.

Also lügt die »New York Times«?
Nein! Das ist ein Systemfehler. Stellen Sie sich mal das Gegenteil vor, also ein CNN-Reporter sagt in die Kamera: »In diesem Land gab's seit Jahrhunderten keinen Krieg, die Menschen sind gesund, die Währung stabil. Und damit zurück ins Studio!« Wenn alles gut läuft, ist das keine Nachricht. Deshalb mache ich den Medien auch gar keinen Vorwurf. Es liegt in ihrer Natur, eher dahin zu schauen, wo es stinkt. Aber dabei vergisst man, dass vieles auch sehr gut läuft.

Zum Beispiel?
Jede Saison von Bayern München? – Haha, aber die Bayern sind ein gutes Beispiel für unsere gestiegenen Ansprüche. Wenn die Bayern nicht mindestens Meister werden, sind sie völlig hinüber, Volkstrauertag, statt sich einfach über die tolle Saison zu freuen. Beim 1. FC Köln ist man schon froh, wenn der Geißbock gesund ist. Und unsere Gesellschaft ist ein bisschen wie die Bayern. Wir nehmen die Segnungen der modernen Welt als selbstverständlich hin, unsere Gesundheit, die Bildung, den Frieden oder den Bluetooth-Vibrator.

Das klingt ein bisschen wie: »Euch geht es einfach zu gut!«
Nein, zu gut kann es den Menschen gar nicht gehen. Und mit dem Bluetooth-Vibrator sind die meisten noch sehr unzufrieden – hab ich bei Amazon gelesen. Aber das Phänomen, dass wir den gewaltigen Fortschritt gar nicht wahrnehmen, ist mittlerweile wissenschaftlich nachgewiesen, in den Laborexperimenten der Psychologen um David Levari und Daniel Gilbert von der Harvard University. Manche nennen es auch das »Problem der gelösten Probleme«. Je mehr Probleme gelöst sind, desto penetranter nehmen wir die übrig gebliebenen wahr.

Noch mal zu den Medien. Sollten die also einfach mehr positive Nachrichten bringen?
Das würde schon helfen. Der »Spiegel« hat ja sogar die Rubrik »Früher war alles schlechter«. Aber die hat man verschämt irgendwo hinten im Heft versteckt, mehr traut man sich dann doch nicht. Positive Meldungen gelten als naiv, wenn etwas gut ist, war das sicher nur Zufall, bestimmt wird es bald wieder schlechter; der Linksintellektuelle, der was auf sich hält, ist Pessimist. Wir finden das seriöser, Schopenhauer-Style. Dass die Medien jede Schreckensmeldung hemmungslos verstärken und in Echtzeit Amokläufe aufs Handy streamen, macht die Sache nicht einfacher. Die Menschen laufen als Angstbehälter durch die Gegend, die stetig neu befüllt werden. Wer da den anderen

zuruft: »Hey Leute, wir haben doch vieles ganz gut hingekriegt!«, der muss zwangsläufig als Depp dastehen.

Also dann sind die Linksintellektuellen schuld?
Nein, aber die sollten sich mal ein bisschen mehr freuen. Und positiver und pragmatischer in die Zukunft sehen. Karl Marx zum Beispiel war absolut pessimistisch im Hinblick auf die Arbeiterklasse: Wenn die sich nicht gewaltsam von der Unterjochung befreit, so meinte er, dann bleibt eine Welt aus Sklaverei, eine andere Möglichkeit gab es für ihn nicht. Aber so ist es nicht gekommen.

Redet da gerade ein Linker den Kapitalismus schön? Was ist mit der Schere zwischen Arm und Reich?
Ja, die ist krass. Nur dass das untere Scheren-Ende von heute wesentlich mehr zu beißen hat als das untere Ende zu Marxens Zeit. Ich rede nichts schön, ich sehe die Ungerechtigkeit auf der Welt. Aber noch vor 30 Jahren hungerte etwa jeder dritte Mensch auf der Erde, heute nur noch jeder sechste. Ich denke auch, der Kapitalismus ist längst nicht mehr derselbe, den Marx vor Augen hatte. Trotz Neoliberalismus ist unsere Welt schon etwas menschlicher geworden. Und wissen Sie, wem wir das verdanken?

Christian Lindner?
Nein. Den linken Ideen, der Arbeiterbewegung und den progressiven Kräften. Sie haben keinen brauchbaren Sozialismus herbeigezaubert, aber trotzdem enorm viel bewirkt. Die Zukunftsideen im *Kommunistischen Manifest* waren ungefähr so aussichtsreich wie ein Brief an den Weihnachtsmann, und doch: Der Marx-Biograf Jürgen Neffe bemerkte einmal, dass viele dieser »naiven« Ideen heute in den meisten europäischen Staaten verwirklicht sind. Wir haben zwar den Kapitalismus, aber in vielen Punkten leben wir das *Kommunistische Manifest*. Auch Christian Lindner.

Sie meinen, die Linken haben die Welt verbessert und es gar nicht gemerkt?

Jedenfalls freuen sie sich nicht über das Erreichte. Da sind die Linken wie die Bayern: Solange die Meisterschale, der Sozialismus, nicht erreicht wurde, darf man nichts an der Gesellschaft gut finden, das wäre Verrat an den Idealen. So ein Quatsch! Freut euch doch mal! Welche moderne Errungenschaft geht denn auf konservatives Wirken zurück? Die dreiteilige Bierzeltgarnitur vielleicht. Alles, was unsere Gesellschaft lebenswert macht, basiert auf linken Ideen, die irgendwann auch die Gegenseite akzeptieren musste, weil sie einfach gut sind. Jemand hat es vor Kurzem mal so beschrieben: »Die Konservativen sagen immer das, was die Linken sagen, nur zehn Jahre später.« Mit solchen Konservativen kann ich gut leben. Die Frauenrechte, Rechte von Homosexuellen, Vergewaltigung in der Ehe als Straftat, Ächtung von Gewalt in der Erziehung, all das wurde durchgedrückt gegen den Widerstand von Konservativen (zum Beispiel Friedrich Merz) – aber es wurde durchgedrückt.

Viele Menschen haben eher das Gefühl, dass da gar nichts mehr kommt außer Dummheit, Ignoranz, Populismus, Klimakrise ...

Jaja. Die Welt ist schön, wenn nur der Mensch nicht wäre. Es stimmt, wir haben den Klimawandel zu verantworten, aber der hat ja auch Vorteile. Wäre er 100 Jahre früher gekommen, hätte die Titanic nicht den Eisberg gerammt. Tatsache ist: Wir Menschen sind die schlimmsten Killer auf dem Planeten, aber wir haben uns in den letzten 250 Jahren so unglaublich gebessert, dass jeder Sozialpädagoge frohlocken würde. Der Harvard-Psychologe Steven Pinker hat dazu ein Buch geschrieben: »Gewalt. Eine neue Geschichte der Menschheit«. Darin zeichnet er unsere Entwicklung nach, von jahrtausendelanger Gewalt hin zur friedlichsten Epoche, die es jemals gab: heute. Pinker bietet ein Füllhorn an Zahlen und wissenschaftlichen Analysen, die nur ein Fazit zulassen: Wir haben verdammt vieles richtig gemacht. Ein tolles dickes Buch, über 1000 Seiten stark, damit könnte man jemanden erschlagen. Aber das machen wir ja heute nicht mehr.

Gut, wir sind also friedlicher geworden, aber unserem Planeten gegenüber sind wir nicht ganz so respektvoll.
Ja, aber müssen wir uns deswegen selbst hassen? Wie in diesem Witz mit den zwei Planeten. Der eine Planet: »Du siehst aber gar nicht gut aus.« Der andere: »Ja, ich bin krank, ich habe Homo sapiens.« Darauf der erste: »Keine Sorge, das geht vorüber.« Ich wette, wir Menschen sind das einzige Lebewesen auf der Erde, das sich selbst mit einer Seuche vergleicht. Wenn mir eine Taube auf den Kopf scheißt, empfindet sie bestimmt nicht so viel Selbstekel. Die Welt geht bald unter, und *wir* sind schuld. Wenn sowieso schon alles verloren ist, wie soll man sich denn da aufraffen, die Probleme zu lösen? Wir brauchen Erfolgsstorys, die uns motivieren.

Aber die genannten Probleme sind nun mal real. Können Sie da nicht verstehen, dass viele sich die Vergangenheit zurückwünschen?
Nein. »Nothing is more responsible for the good old days than a bad memory«, wusste schon Franklin Pierce Adams, und der ist seit 60 Jahren tot. Nostalgiker haben ein schlechtes Gedächtnis. Das ist auch nicht verwerflich, alle Menschen färben sich die Erinnerungen schön, haben Wissenschaftler bestätigt. Sie nennen das den »rosa Blick«. (Der Soziologe Martin Schröder hat das in einem Buch erklärt, es heißt »Warum es uns noch nie so gut ging, wir aber trotzdem ständig über Krisen reden«.) Neulich schwärmte einer meiner Freunde von den Achtzigern, das sei ein großartiges Jahrzehnt gewesen. Es war halt seine Jugend, natürlich kann die nur großartig gewesen sein. Für mich ein tolles Beispiel für die »fabelhafte Welt der Amnesie«, denn in die Achtziger will doch nun wirklich niemand zurück – es sei denn, man hat Bock auf Zahnschmerzen, Aids und Milli Vanilli. Mein Buch soll viele der rosa Erinnerungen korrigieren.

Sie haben ein Buch dazu geschrieben?
Ja, Sie baden gerade Ihre Hände darin – ich meine, Sie sind gerade mitten in dem Buch. Es ist übrigens sehr witzig, aber absolut ernst gemeint. Alle Zahlen, die ich in dem Buch präsentiere, sind gewissenhaft recherchiert. Denken Sie nur mal an all die Haushaltsgeräte! In den letzten 100 Jahren sank die Anzahl der Stunden für Hausarbeit von 60 pro Woche auf 15. Bei mir sind es sogar nur zwei. Unser Leben ist heute bequemer und besser als jemals zuvor, aber vieles ist uns gar nicht bewusst. Pessimismus ist nur ein Mangel an Information, und Schopenhauer würde heute einfach tindern.

Sie glauben also wirklich, dass nur Optimismus die Welt verbessern kann?
Hab ich was von Optimismus gesagt? Schon morgen kann alles wieder schlechter werden – weiß man's? Auch die wissenschaftlichen Autoren zu meinem Thema, Steven Pinker oder Martin Schröder, betonen, Realisten zu sein. Beide sind sich bewusst, dass der Klimawandel katastrophale Folgen haben kann, das reden sie nicht schön. Aber wenn alle anderen Pessimisten sind, wirkt der Realist wie ein Optimist. Der Kapitalismus ist in höchstem Maße destruktiv; ohne Kapitalismus kein Klimawandel, ohne Kapitalismus keine moderne Sklaverei – aber seltsamerweise sind wir heute auch die friedlichsten, gesündesten, zufriedensten und klügsten Menschen, die je gelebt haben. Und wir sollten dringend herausfinden, wie wir das hingekriegt haben!

Aber jetzt mal Butter bei die Fische: Wie verbessern wir die Welt?
Erstens: weniger Gefühl, mehr Daten! Trauen Sie Ihrer Wahrnehmung nicht! Die Menschen brauchen mehr Informationen, besonders über positive Entwicklungen, dann haben sie auch weniger Angst – die Angst ist eine Säure, die alles in der Gesellschaft kaputt ätzt: Zuversicht, Vertrauen, Offenheit und Kreativität. Wer denkt, dass alles schlechter wird, läuft den Rechten in die Arme. Weniger Angst bedeutet weniger Nazis.

Zweitens: flexibles Denken, so wie Stanley Kubricks Kommentar zum Ikarus-Mythos. Der Plot: Ikarus schnallt sich Flügel aus Wachs und Federn an, fliegt zu nah an die Sonne, das Wachs schmilzt: Ikarus down! Die landläufige Interpretation kennen wir von der spießigen Nicole: »Flieg nicht so hoch, mein kleiner Freund, dort oben brennt die Sonne heiß. Wer so hoch hinauswill, der ist in Gefahr!« Also Hochmut kommt vor dem Fall. Als man Kubrick den D.W. Griffith Award verlieh, schlug er in seiner Videobotschaft eine ganz andere Lesart vor: »Forget the wax and feathers and do a better job on the wings.« Ikarus starb nicht an seinem Hochmut, seine Ausrüstung war einfach Mist. Wir brauchen bessere Flügel!

Autobahntoiletten

Toilettenhygiene und menschliche Entwicklung, das geht Hand in Hand. Heutige Autobahntoiletten sind Pinkelparadiese, von denen Oma nur träumen konnte – ein echter Fortschritt. Und doch sind viele Menschen, nun ja, angepisst von dem Geschäftsmodell dahinter: Sanifair. Auch ich habe die Nobeltoilette lange boykottiert, weil der feiste Konzern für seine Hightechpissoirs Geld verlangt. Fürs Pinkeln! Egal, wie sehr ich musste, ich fuhr vorbei. Ich! Darf! Nicht! Pinkeln! Denn: Ich! Werde! Nicht! Zahlen!

Aber was ist die Alternative? Autobahnparkplätze sind tagsüber schon ungemütlich, aber nachts sieht man kilometerlange Lkw-Ketten, dazwischen stehen menschliche Schatten mit gierig leuchtenden Augen, die zugucken, wie man am Gebüsch den Reißverschluss aufzieht. In schwarzen Lieferwagen lauern osteuropäische Organhändler auf Beute, und an Feiertagen tummeln sich hier Parkplatzswinger auf der Motorhaube. Die sogenannten Toilettenhäuschen auf diesen Plätzen sind baugleich mit weißrussischen Gefängnistrakten. Die klickenden Neonröhren hinter den Deckengittern geben einem das Gefühl, im Verlies eines kahl rasierten Serienmörders gelandet zu sein. An den Wänden stehen Angebote wie: »Mein Freund blest jeden Schwanst!« neben geheimnisvollen Handynummern.

Immer wieder fuhr ich diese Horrorplätze an, aber meine Angst bekam ich einfach nicht in den Griff. Wie kann ich Wasser lassen, ohne zum hilflosen Opfer zu werden? Motor aus und Schlüssel abziehen schützt vor Autodiebstahl. Aber wenn dann die Organjäger kommen, kann ich nicht schnell genug losfahren. Lasse ich den Motor laufen, kann ich zwar schnell mit meinem Auto abhauen, mögliche Autodiebe aber ebenso, während ich strullend zusehen muss, wie meine Rückleuchten in der Dunkelheit verschwinden. Sekunden später springen die Organjäger aus dem Gebüsch. Im Geiste sehe ich schon meine dampfende Leber in eine Schüssel plumpsen.

Wo also hin, wenn Sanifair und Parkplätze tabu sind? Bevor die Blase platzt, bleibt nur noch die Abfahrt »Schlatzing-Nord«, um mich nach zehn endlosen Minuten auf dem Zubringer endlich in die Feldmark zu erleichtern. War es das wert? Gerät eine Konzernkette wirklich in Bedrängnis, wenn ich wie ein wildes Tier zur Notdurft in die Wälder flüchte? Wie konnte ich mich so erniedrigen?

Am Anfang stand die übliche Empörung eines Linken. Als ich zum ersten Mal die Abzocke der Sanifairs erlebte, schwoll mir der Kamm: Da schluckt ein Automat 70 Cent, bevor man mit dem Zwangsverzehrgutschein durch das Drehkreuz gelassen wird. 20 Cent sind jetzt kassiert, 50 werden verrechnet für völlig überteuerte Waren. Erst pinkelst du, dann kaufst du mit dem Gutschein eine Cola. So entsteht neuer Druck auf der Blase. Wieder musst du durchs Drehkreuz. Wieder 70 Cent. Dann wieder Cola und immer so weiter. Der Kapitalismus zwingt dich in einen Kreislauf aus Pinkeln und Bezahlen, aus dem es kein Entrinnen mehr gibt! Wir werden zwangsbefüllt und zwangsentleert, und immer hält der Markt die unsichtbare Hand auf. Der blau-silberne Bon ist ohne Frage ein durchlaufender Posten. Was habe ich mich aufgeregt! Für das menschlichste aller Bedürfnisse darf man doch kein Geld verlangen! Pinkeln ist Menschenrecht! Weg mit den Toilettenketten! »Sani, go home!«, wollte ich an die Klowände schmieren. Bis ich mich erinnerte, wie es früher an der Autobahn zuging, lange bevor Sanifair Scheiße zu Geld machte. So schnell hatte ich vergessen.

Wer noch Mitte der Neunziger eine Autobahnraststätte betrat, den befiel das nackte Grauen. Urindunst brannte sich in Nase und Augen, bevor noch üblere Gerüche dazukamen. Eine zehn Meter lange Pissrinne zog sich durch den gekachelten Raum. Ihre Spülung funktionierte kurz nach der Installation vielleicht ein paar Jahre, dann aber nie wieder, und sie ließ über die Jahre schimmlige Pissestalaktiten wachsen. Ihr gegenüber befand sich ein Dutzend enger Kabinen, von denen nur die Hälfte überhaupt verschließbar war. Wer die Türen aufstupste, war auf das Schlimmste gefasst. Auf dem Boden lag und schwamm, was eigentlich in die Kloschüssel gehörte, Schmeißfliegen suchten angewidert das Weite. Schnaufend suchte man Kabine für Kabine nach dem kleinsten Übel ab, aber man fand es nicht. War die Schüssel sauber, fehlte der Riegel. War da ein Riegel, fehlte das Papier. Gab es Papier, stand man mit den Sandalen in einer gelben Lache. An der letzten Tür angekommen, musste man entgeistert mitansehen, wie ein Lkw-Fahrer seelenruhig in eine der Pfützen tappte, die Tür schloss und geräuschvoll tat, was zu tun war. Danach hielt er für eine Sekunde die Hände unter den Wasserhahn, ging nach nebenan und bestellte mit halb gewaschenen Händen ein Kotelett mit Bratkartoffeln für acht Mark. Davon haben Truck Stop nie ein Wort gesungen!

Diese Welt kann sich niemand ernsthaft zurückwünschen. Die Autobahnraste lehrte uns: Was nix kost', is nix. Und was umsonst ist, wird zugekackt. Wenn kein Geld fließt, haben beide Seiten keine Motivation, einen Standard einzuhalten. Der Betreiber putzt nicht, und der Kunde pinkelt wild. Es ist paradox: Erst moderne Wegelagerer wie Sanifair haben uns Toilettengänger domestiziert. Wer Geld bezahlt, pinkelt nicht daneben. Er startet lieber noch mal die selbstreinigende Klobrille. Faszination Technik. Darauf muss man ja erst mal kommen, ein rotierender Toilettenring. Auch beim Händewaschen hält die Toilette ihr Event-Versprechen. Es gibt Warmwasser, Cremeseife und Desinfektionsmittel. Aber erst dann kommt der absolute Höhepunkt: der *Dyson Airblade*, Symbol für den Fortschrittswillen des Menschen, der Abschied von Kasperkram und Kompromissen.

Der *Dyson Airblade* ist die Antwort auf jahrzehntelangen Toilettenpfusch, auf versiffte Handtücher, graues Knickpapier und Gebläseautomaten mit Zufallsgenerator, nach dem Motto, »Geh ich heut nicht, geh ich morgen, schüttel doch deine Hände selber trocken!« – kurz: die ganze halbherzige Kacke, mit der man uns so lange gedemütigt hat. Das ist vorbei, denn wir haben den *Dyson Airblade*. Zugegeben: Wer das erste Mal die Hände in den silbrigen Schlund des *Dyson Airblade* schiebt, braucht starke Nerven, hat erst mal Todesangst, fürchtet eine Schrecksekunde lang, gleich mit zwei blutenden Stümpfen zu enden. Der Luftstrom droht einem die Haut von den Knochen zu schälen. Nach zehn Sekunden dann die Erleichterung: Beide Hände sind noch dran und obendrein staubtrocken.

Dem *Dyson Airblade* gehört die Zukunft. Noch nie hat ein *Dyson Airblade* versagt wie die unzähligen Generationen von schwachbrüstigen Händetrocknern vor ihm. Ingenieur James Dyson zeigt der Welt, wo Barthel den Gebläsemost holt. Die Höllenmaschine namens *Dyson Airblade* zwingt Billiarden träger Luftmoleküle durch ein Nadelöhr, mit 640 Stundenkilometern treffen sie auf die menschliche Haut und pusten alles weg, was da nicht hingehört. Dabei verbraucht das Gerät weniger Energie als herkömmliche Trockner, weil die Luft nicht angewärmt wird. Aber wer anwärmt, kann nix. »Die anderen produzieren doch nur heiße Luft«, scherzt Herr Dyson gerne. Und recht hat er! Sein *Dyson Airblade* macht die kalte Luft zur Prügelkeule. Noch nie hat eine menschengemachte Maschine Luft so gnadenlos zusammengepresst. Kritiker, die jetzt behaupten, durch Gebläse würden nur unnötig schädliche Bakterien im Raum verteilt, stellen nur ihr peinliches Halbwissen zur Schau. Denn der *Dyson Airblade* hat auch hier die Nase vorn: Er presst die böse Schmutzluft vorher durch einen Filter, der 99 Prozent der Erreger in den Bakterienhimmel schickt. Die Gebläseindustrie ist kein Tummelplatz für Amateure, und James Dyson ist der Chuck Norris der Luftstromtechnik. James Dyson könnte sogar Wolkenkratzer wegpusten – oder mit seinem Gerätepark auf Hochglanz bringen. Der Designer und Selfmade-Milliardär ist übrigens auch der Erfinder des beutellosen Staubsaugers, der niemals verstopft. Geld, schneidende Intelligenz, selbst erfundene Haushaltsgeräte: Dieser Mann wäre bei Elitepartner die Nummer eins. James Dyson und sein *Dyson Airblade*. Das ist das Einzige, was mir Hoffnung macht. Adenauer, de Gaulle, Kennedy – wer sind diese Zwerge schon gegen James Dyson? Was haben sie bewegt? Haben sie die Welt auch nur ein bisschen sauberer gemacht? Oder trockener? Nein, haben sie nicht!

Zurück zur Autobahnraste. Wir haben also 70 Cent bezahlt. 50 davon können wir einlösen; da die Ware natürlich viel zu teuer ist, schätzen wir mal grob, dass insgesamt 40 Cent futsch sind. Was bekommen wir für diese 40 Cent? Das Gebäude, die Heizung, die Reinigung, die sich desinfizierende Brille, das Klopapier, warmes Wasser, Desinfektionsmittel, softe Dschungelbeschallung. Und eine exklusive Begegnung mit dem *Dyson Airblade*. Das ist mir 40 Cent wert, denn es erspart mir den Gang in die Büsche am Rastplatz, wo das Erdreich unter einem Teppich aus Taschentüchern und Exkrementen erstickt.

Toiletten sind ein Spiegelbild der Gesellschaft. Unsere ist kapitalistisch. Aber sie ist auch sehr hygienisch. Früher gab es zwar den Schwarzafrikaner mit dem Schrubber in der Hand und der Untertasse voller Münzen, aber täglich kam die Münzmafia und zog ihm das Geld vom Teller, ihm blieben nur ein paar Groschen, und die Toiletten waren trotzdem versifft. Dieses Modell war ein Griff ins Klo, es hat für keinen funktioniert, und selbst die Münzmafiosi genießen in Verbrecherkreisen kein hohes Ansehen. Sanifair ist Kapitalismus, der immerhin funktioniert; aus diesen Toiletten kommt man sauberer wieder heraus, als man hineingegangen ist, würdevoll, wenn auch geschröpft. Doch halt! Wir haben ja noch den Sanifair-Gutschein. Pinkeln müssen die Leute immer. Regierungen kommen und gehen, das Urinal bleibt. Die nächste Finanzkrise kommt bestimmt, aber Sanifair-Gutscheine sind immer eine sichere Währung, damit sind Sie flüssig. Kursschwankungen bei Sanifair sind praktisch undenkbar, solange man Widersacher GRANU FINK auf Abstand hält.

Partywissen: Klo

Das saloppe englische Wort für das Klo, loo, entstand aller Wahrschein-
lichkeit nach im Mittelalter, als die Angelsachsen vermehrt das Franzö-
sisch ihrer normannischen Besatzer sprachen. Da hörte man täglich in
den Gassen: »Gardez l'eau!« (Achtung, Wasser!), verkürzt »Loou!« Das
war ein Euphemismus, denn dieser Ausruf ertönte, kurz bevor man den
Inhalt des Nachttopfes durchs Fenster auf die Straße kippte. Heute un-
denkbar! Die Ekelgrenzen haben sich erfreulich verschoben. Ebenso die
Schamgrenzen. Römische Senatoren schmiedeten ihre Intrigen nicht
selten beim gemeinsamen Toilettengang unter freiem Himmel. Und
ohne Trennwände. Man saß gemeinsam auf dem Thron, drückte und
unterdrückte. Schade, dass es damals noch keine »Tagesschau« gab. Die
Berichterstattung über Kabinettssitzungen hätte ihren Unterhaltungs-
wert gehabt.

Gestank

Wie es früher gerochen hat, steht nicht in den Geschichtsbüchern. Ich behaupte aber, die Menschen haben noch nie so gut geduftet wie heute. Ich zum Beispiel verbreite in diesem Moment eine erfrischende Aura aus Kokos und Passionsfrüchten, das habe ich meinem Duschgel zu verdanken. So gepflegt wie ich sind fast alle in Mitteleuropa, üble Stinker sind die Ausnahme. Wir sind erst die zweite oder dritte Generation Mensch auf Erden, die das von sich behaupten kann. Je weiter man in der Zeit zurückgeht, desto übler müffelt es. Um eine Zeitreise sicher zu überleben, brauchen Sie zwei Dinge: eine Schusswaffe und ausreichend Duftspray.

Mittelaltermärkte lassen alte Zeiten wieder lebendig werden und sind dabei von Jahr zu Jahr authentischer. Auf einem dieser Märkte sah ich sogar einen Bettler durch die Menge hinken. Mit pseudofettigem Langhaar und im zerlumpten Umhang hielt er die knochige Hand auf. Und die Leute gaben ihm gerne, weil sie das originell und authentisch fanden. Dieser Hobbybettler (eigentlich Silvio, ein Bauzeichner aus Erfurt) macht an einem Wochenende sicher einen Umsatz von mehreren 100 Euro, also deutlich mehr als die Romafrau am Bahnhof – die ja eigentlich der Profi ist, wenn man so will. Wie ungerecht! Stutzig machte mich aber vielmehr, dass der humpelnde Nassauer auf dem Mittelaltermarkt nach Kokos und Passionsfrüchten duftete ...

Mittelaltermärkte sind beliebt, weil man die Epoche mit allen Sinnen erfahren kann. Da wird gebacken und gebraten, geschmiedet und gewebt, gegerbt und getöpfert. Frisch duftende Brotlaibe kommen aus dem Ofen, man riecht das Leder, die Gewürze und den Rauch zahlreicher Feuer. Dieses Mittelalter hat ein herrliches Aroma, und das ist der große Schwindel. Wo bleibt der alles zerfressende Gestank vergangener Zeiten? Wenn Sie Ihre Zeitmaschine im Mittelalter parken, stehen Sie in einer Hölle aus beißenden Gerüchen: Kot und Urin, das durch die Gossen läuft, Pferdekacke, Hundekacke, Gänsekacke, Hühnerkacke, Kuhkacke, Ziegenkacke, Vogelkacke, Essensreste, Tierkadaver, die durch die Bäche treiben – und schließlich der säuerliche Gestank Ihrer eigenen Kotze. Das Mittelalter stank erbärmlich. Und wer in dieser stinkenden Welt lebte, der sah auch keinen Sinn darin, sich täglich zu waschen. So war das olfaktorische Inferno perfekt. Was unsere Vorfahren die meiste Zeit taten? Stinken. Sie stanken wie die Pest. Auch aus dem Mund, denn Zähneputzen war unbekannt in diesen Tagen. Was für eine furchtbare Zeit! Vorteile hatte das dauernde Gestinke nur für die Blinden: Wenn sich ein Räuber anschlich, konnten sie ihn schon von Weitem riechen.

Lange Zeit war diesbezüglich keine Besserung in Sicht. Auch die eitlen Gecken im Schloss Versailles in den Tagen der durchnummerierten Ludwigs 13 bis 16 wuschen sich selten und kaschierten den eigenen Muff mit ordentlich Duftwässerchen. So parfümiert, pinkelte man dann im Schloss einfach dorthin, wo man gerade stand, und die Diener entfernten den Unrat. Nehmen Sie sich ein paar Minuten Zeit für dieses Bild, denn genau so ist es gewesen.

Aber vom Mittelalter an wird die Geschichte der Menschheit begleitet von der fortschreitenden Reduzierung von Gestank. Je toleranter der Mensch wurde, desto intoleranter wurde seine Nase. Heutzutage schlägt unser Riechorgan schon bei minimalem Körpergeruch Alarm. Es ist noch gar nicht so lange her, da sah das noch ganz anders aus. In dem Dorf meiner Kindheit stanken noch so gut wie alle. Die Bauern rochen natürlich nach Kuh- und Schweinestall, quasi als Topping für den eigenen Körpergeruch, der nicht gering war, da man den ganzen Tag körperliche Arbeit verrichtete. Wo Tiere leben und wo gearbeitet wird, wird eben auch gestunken, und »Badetag«

war immer nur am Samstag. Mit einer heutigen Nase wäre man bekloppt geworden.

In meiner Kindheit sah das Geruchsranking so aus: Schweinemist stank noch übel, der Kuhmist schon weniger, und Pferdemist galt schon fast als aromatisch. Ich bin sicher nicht der Einzige, der Heimat mit dem Geruch von Mist und Gülle verbindet. Die kleinen Höfe verschwanden nach und nach und mit ihnen auch die Schwalben, die Spatzen – und der Gestank. Die Wahrnehmung änderte sich. Extremer Schweißgeruch fiel mir in den Jahren des Wandels nur noch beim Discountermarkt auf, wo damals ausschließlich die Unterschicht einkaufte. In der Klassengesellschaft nimmt der Gestank von unten nach oben hin ab, weil oben nicht körperlich gearbeitet wird. Oberschichten duften, Unterschichten schuften.

Stinken wurde immer unpopulärer. Dabei hatten jahrtausendelang Körperausdünstungen als Aphrodisiakum gewirkt. Napoleon soll an seine geliebte Josephine geschrieben haben: »Wasche Dich nicht, ich komme!« Igitt! So was geht heute gar nicht mehr. Zu viel Geruch ist Sexkiller Nummer eins. Auch der Arbeiter muss sich heute gründlich duschen und anschließend mit Moschusduft eindieseln. Um sexy zu riechen, tauscht er die obsoleten Geilmachsekrete seines eigenen Körpers gegen den Lockstoff des Moschusochsen – und wird beim Zoobesuch von erregten Ochsen bedrängt.

Mich jedenfalls törnt Körpergeruch ab, egal, ob das in der Steinzeit ein wichtiger Flirtfaktor war. Das ist irreversibel, selbst wenn ich ein psychisch Kranker wäre, der sich für Napoleon hält. »Josephine, Du stinkst! Ich komme nicht!«

Heute haben wir unsere Pheromone weitestgehend ausgeschaltet und erschaffen uns jeden Tag olfaktorisch neu. Dabei helfen uns viele Regalmeter Duschgel, Shampoo und Deospray. Wir können heute nach so ziemlich allem riechen, was wächst. Wir sind zur Freiheit verurteilt, existenziell wie olfaktorisch. »Der Mensch ist nichts anderes als das, wozu er sich selbst macht«, sagt Sartre. Und er riecht nicht anders als das, womit er sich einseift, sage ich. Will sagen, die

Marktwirtschaft kann auch ganz schön stressen. Unablässig fragt sie den Konsumenten: Was willst du sein? Wonach soll dein Hyundai duften? Welches Cappuccinoaroma: Mandel, Kokos, Schinkenspeck, Bärlauch-Minze oder Pumpernickel-Cassis? Welcher Eierbecher passt zu dir? Los, entscheide dich! Der moderne Mensch sinniert die Hälfte seines Lebens über vollkommen sinnloses Zeug. Aber eines kann man ihm nicht vorwerfen: dass er dabei auch noch stinken würde.

Viele Fabriken stanken früher nicht weniger als die Bauernhöfe. Auch das hat sich geändert. In den Achtzigerjahren gab es erstmals Bürgerproteste gegen eine Pressplattenfabrik in unserer Nachbarstadt, da sie Tag und Nacht üble Schwefelgerüche ausstieß und die Anwohner permanent von Gestank umgeben waren. Jahre später bescherte mir ein ähnlicher Fall den coolsten Studentenjob überhaupt: Riechen gegen Bezahlung. »Geld stinkt nicht«, sagt der Volksmund, bei mir war das anders, und das kam so: Eine Bürgerinitiative hatte gegen eine Fabrik in Göttingen geklagt, die daraufhin verpflichtet wurde, ein Umweltgutachten in Auftrag zu geben. Für Geruch gab es aber kein Messgerät. Was es dafür brauchte, waren menschliche Nasen. Viele Nasen. Vierundzwanzig Stunden am Tag mussten Stichproben genommen werden, also auch nachts, was sich am besten mit Studenten bewerkstelligen ließ. Die Riecherei wurde gut bezahlt, und so kam meine Nase ins Spiel. Zuerst musste ich einen Riechtest absolvieren. Die Nase durfte nicht zu schlecht sein, aber auch nicht zu gut. Eine Durchschnittsnase eben. Der Mann von der Gutachtenfirma hatte eine Art Gasflasche mit dem betreffenden Geruch bereitstehen und hielt den Probanden einen kleinen Plastiktrichter vor die Nase. Dann drehte er die Düse langsam auf, und wir mussten Bescheid geben, sobald wir den Geruch (holzig-schwefelig) wahrnahmen. Ich hatte Glück: Meine Nase ist absolut durchschnittlich, das habe ich nun schriftlich. Das zu erriechende Areal erstreckte sich über mehrere Quadratkilometer. GPS war noch Science-Fiction, also bekamen wir eine Mappe mit Adressen und Fotos der Riechpunkte. Dort musste man sich zu genau vorgeschriebener Uhrzeit einfinden und losschnüffeln. In einer Tabelle waren ein paar Wetterdaten einzutragen, und dann ging es auch schon los: tief durch die Nase atmen, Stinkintensität per Kreuz in ein Kästchen eintragen, zwei Minuten warten, wieder ganz tief einatmen und so weiter. Man verbrachte etwa zehn Minuten an einem Punkt. Dann ging es weiter zum nächsten Punkt, wo man wieder alle zwei Minuten ganz tief einatmete. Nach zweieinhalb bis drei Stunden war man fertig und um 50 Mark reicher.

Was allerdings die Menschen dachten, die nachts um drei durch die Gardine einen unbekannten Mann vor ihrem Haus sahen, der sich nicht von der Stelle rührte und nichts weiter tat, als im Lichtkegel der Straßenlampe tief durchzuatmen, das weiß ich auch nicht. Es war definitiv keine gute Zeit für schizophrene Paranoiker. Zumal wir uns aus Gründen der Objektivität abwechseln mussten: Eine Woche später stand da ein anderer Schatten unter der Laterne und atmete tief ein.

Die Aktion war schlussendlich erfolgreich, und die Fabrik musste Filter in ihre Schlote einbauen. Dank meiner Hilfe können die Anwohner wieder die frische Luft im Garten genießen – außer die von mir Traumatisierten, die durch die Straßen laufen und den Menschen zurufen: »Die Riecher kommen! Die Riecher kommen!« Die Ärzte in der Psychiatrie sind ratlos, weil auch bewährte Entspannungsübungen bei diesen Patienten einfach nicht greifen. »Atmen Sie ganz tief durch ...!«

Integration

> »Insofern war es ein Fehler, dass wir zu Beginn
> der Sechzigerjahre Gastarbeiter aus fremden
> Kulturen ins Land holten.«
>
> *Helmut Schmidt (2004)*

> »Ich war neulich im Ausland. Jemand fragt mich,
> wo ich herkomme. Ich sage, ich bin Deutscher.
> Er schaut mich ungläubig an. Ich grinse und sage:
> Jaja. So sehen die jetzt aus.«
>
> *Fatih Cevikkollu*

> »Die drei Männer da draußen, sind das Ausländer
> oder Türken?«
>
> *Meine Mutter*

Wer ist jetzt »Deutscher« und wer nicht? Die Frage ist mir persönlich egal, aber wenn man mich fragt, sage ich: Es ist kompliziert, und das ist auch gut so. Unter den Nazis war es nämlich ganz einfach, und das war nicht gut! Kompliziert bedeutet, wir wissen selbst nicht so genau, was deutsch ist. Das ist gut. Es hält Möglichkeiten offen.

Wie kompliziert es ist mit Ausländischen und Einheimischen, erlebt man im Alltag oft genug. Neulich in der Bahn hatte ich eine sehr nette Unterhaltung mit einer Gruppe Ausländer. Sie stellten mir höflich Fragen über Deutschland, und ich antwortete. Wir machten zusammen Scherze, und ich traute mich sogar zu sagen, dass ich ihr Essen ziemlich ekelhaft finde und ihre Sprache nach Halsschmerzen klingt. Das fanden sie lustig. Mit Ausländerfeindlichkeit hätten sie in Deutschland noch nie zu kämpfen gehabt, sagten sie. Haha, reingelegt! Es waren Holländer. Aber die stellt sich beim Lesen keiner vor. Holländer sind Ausländer, aber nicht die Ausländer, von denen wir reden, wenn wir über Ausländer reden. Das können Sie sicherlich bestätigen, wenn Sie sich jetzt gerade einen Holländer vorstellen. Haha, schon wieder reingelegt! Die Holländer im Zug hatten nämlich afrikanische Wurzeln. Aber wenn ich Holländer sage, dann stellen Sie sich keine afrikanisch aussehenden Männer vor. Gegen Ihre eigenen Vorurteile kommen Sie nicht an. Machen Sie den Test:

Zwei Deutsche und ein Türke gehen die Straße entlang. Sie heißen Hassan, Murat und Tuncay.

Solange dieser Satz komisch klingt, sind wir eine Volksgemeinschaft aus dem 19. Jahrhundert. Man kann automatisch Deutscher sein, wenn man irgendwo in Russland sitzt und die Ururureltern von Katharina der Großen an die Wolga gelockt worden waren. Ob Vitali Neumann aus Kasachstan Deutsch kann, ist unwichtig, ob er irgendwelche Anknüpfungspunkte an die deutsche Kultur hat, interessiert nicht, ob er Bock auf Demokratie hat: Nebensache – solange seine Urururoma Deutsche war, kann er kommen und sich seinen Pass abholen. Er ist Deutscher ohne Wenn und Aber. Ganz anders Arslan aus Lippstadt. Er ist in Paderborn geboren, hat in Detmold Abitur gemacht und in Bochum Germanistik und Politik studiert. Er muss die deutsche Staatsangehörigkeit beantragen, vorher ist er, rechtlich gesehen, genauso wenig Deutscher wie Kim Jong-un oder Jabba the Hutt.

Es ist ein heilloses Durcheinander, sobald man über Deutsche und Ausländer spricht. Identität ist nicht immer eindeutig, selbst für die Betroffenen. Viele in Deutschland geborene »Türken« sind Deutsche, werden aber nicht als Deutsche anerkannt. Sie sehen anders aus, und manche sprechen auch »biss-schen anders. Weißt-was-sch-mein!« In der Türkei ist es aber auch nicht besser. Da sagt man ihnen: »Du sprichst kein ordentliches Türkisch« und nennt sie verächtlich *Ale-*

manci, die Deutschländer, oder auch die »Urlaubs-Mamelucken«. So einen Menschen zu fragen: »Was bist du denn nun?«, ist sinnlos. Genauso gut könnte man fragen, wie viele Seiten ein Döner hat. Denn der ist rund und dreht sich noch dazu.

Statt einfach zu sagen, Deutscher ist jeder Grundgesetzfan mit deutschem Pass und natürlich alle, die hier geboren wurden, denken viele leider so: Wer Deutscher und wer Ausländer ist, das entscheiden immer noch wir. Wir Deutsche. Also richtige Deutsche, Sie wissen schon: Bio-Deutsche, Deutsch-Deutsche, Volksdeutsche, Alteingesessene. Fast hätte ich noch Eingeborene geschrieben, aber bei »Eingeborenen« sieht man nicht Herrn und Frau Leineweber vor sich, die doch hier geboren sind, sondern Menschen mit Knochen in der Nase. Obwohl, der Sohn von den Leinewebers sieht mit seinen gedehnten Piercings im Ohrläppchen fast so aus, als würde er in der Dämmerung als Klischeeeingeborener mit dem Blasrohr durch den Dschungel streifen. Es ist halt kompliziert geworden mit den Bildern.

Schade ist auf jeden Fall, dass wir immer nur die Probleme von Integration im Blick haben. Das Glas ist immer halb leer. Zugegeben, es gab in letzter Zeit auch für uns Gutmenschen herbe Enttäuschungen, zum Beispiel den Erdogan-Schock. Erschreckend viele Doppelpasstürken, die hier alle Annehmlichkeiten des Rechtsstaats genießen, wollen trotzdem lieber den faschistischen Schimpfonkel und fühlen sich der Türkei mehr verbunden als ihrem Geburtsland Deutschland. Himmelarsch, die hätte ich am liebsten kräftig durchgeschüttelt wie einen Becher Ayran! Aber die Erklärung ist vielleicht ganz einfach: Es geht um das Gefühl von Zugehörigkeit. Solange »wir«, die Bio-Bluts-Deutsch-Deutschen, nicht klipp und klar die Botschaft aussenden: »Ihr seid auch Deutsche, ohne Wenn und Aber!«, verweigert man ihnen ein Stück Identität, und das liefert ihnen Erdogan frei Haus. Natürlich ist das auch eine Folge vermasselter Integrationspolitik, aber Schatten kann man nur dort sehen, wo auch Licht ist. Wir Deutschen haben in puncto Integration sicher Nachholbedarf, aber knietief im Dispo stehen wir auch nicht.

Laut Integrationsforscher Professor Aladin El Mafaalani haben wir Bundesrepublikaner uns im Fach Integration seit der Kohl-Ära von der Note 5 auf 3+ verbessert. Der Soziologe El Mafaalani ist Westfale mit syrischen Wurzeln und war beim Wehrdienst in einer ostdeutschen Kaserne, wo er sich die Stube ausschließlich mit sogenannten Ossis teilte. Selbstverständlich, so El Mafaalani, wurde er dort auch diskriminiert, und zwar mit den Worten: »Du sprichst wie so ein typischer Westdeutscher!«

El Mafaalanis überraschende Hauptthese ist übrigens, dass gelungene Integration zu Konflikten führt. Migranten, die sich hier zugehörig fühlen, fangen an, Forderungen zu stellen. Die isolierten Vorfahren der ersten Generation blieben immer still und klagten ihre Interessen niemals ein. Ergo: keine Konflikte. Das ist heute vorbei, und das ist auch gut so. Die Situation gerade der muslimischen Migranten in unserem Land hat sich laut einer Studie der Bertelsmann-Stiftung stetig verbessert.

Hier ein paar interessante Zahlen: 84 Prozent der in Deutschland geborenen Muslime verbringen ihre Freizeit regelmäßig mit Nichtmuslimen (und damit sind nicht Polizisten gemeint). 96 Prozent unserer muslimischen Mitbürger fühlen sich Deutschland verbunden. Und bei 73 Prozent der muslimischen Kinder ist Deutsch die erste Sprache (also mehr als bei bayerischen Kindern). Auch die Arbeitslosenquote von Muslimen gleicht sich der von »Einheimischen« immer mehr an. Und bemerkenswert ist auch, dass knapp 40 Prozent der Geflüchteten, die 2015 nach Deutschland kamen, bereits in Lohn und Brot stehen (2019). Auch die Deutschkenntnisse der syrischen Einwanderer sind so gut wie in keiner Migrantengruppe vorher. Deutschland als Staat und Gesellschaft hat sich eben bemüht, und das zahlt sich nun aus. Aber es gibt noch mehr Positives zu vermelden. Manche Entwicklungen sind so still und leise vor sich gegangen, dass man sie kaum bemerkt hat. Hier ein paar Beispiele.

Beispiel Toka

Dieter Nuhr scherzte einmal im Fernsehen über den Islam und wurde prompt von einem Moslem angezeigt. Ungläubiges Staunen überall (haha, ungläubig ist gut). Nun ist aber Polen offen, dachte man, Religion muss kritisiert und verarscht werden dürfen. Alles andere ist inakzeptabel. Die Welle der Empörung war gigantisch, Nuhr war vom Komiker zum Märtyrer der säkularen Sache aufgestiegen. Er beklagte, man dürfe den Islam nicht mal mehr kritisieren, ohne dass es auf die Fresse gibt. Da habt ihr euren Islam! Good bye, offenes Deutschland! Polizeischutz. Großalarm. Sondersendung. Weltuntergang. Das Entscheidende an dieser Geschichte hatte offenbar niemand geblickt: Der Moslem Erhat Toka hatte eben nicht den Krummdolch gezogen und den Komiker bedroht, nein! Er hatte ihn angezeigt.

Wie bitte?

Er ging vor Gericht?

Wie deutsch ist das denn, bitte!

Er hat Nuhr als Hassprediger bezeichnet. Geht es noch integrierter? Der Moment, in dem Toka dachte: »Wo kann ich den anzeigen?!«, war der urdeutsche Funke in ihm. Hier hat der Moslem mehr Deutschtum bewiesen als viele der Bio-Bundesbürger. Er hat nach dem Staat gerufen, um Ordnung und Gerechtigkeit wiederherzustellen. Er holte nicht seine Brüder, er rief keine Fatwa aus, sondern er rief die Staatsanwaltschaft auf den Plan. Über Nuhrs Worte wurde weder im Hinterzimmer einer Moschee verhandelt, noch wurde sein schneller Tod in einem Krefelder Wettbüro beschlossen. Es gab eine ordentliche Gerichtsverhandlung in der Sache »Toka gegen Nuhr, Donnerstag, 08:30, Saal 2 des Amtsgerichts«. Sicher hat sich Erhat Toka in seinen Tagträumen ausgemalt, wie er den Prozess gewinnt, wie sich Genugtuung in ihm breitmacht. Er umarmt seinen Anwalt und schreitet durch die Tür vor die Kameras. Später hält er bei Stern TV Vorträge über religiöse Gefühle. Im Publikum sitzen Frauen mit Kopftuch und halten Schilder hoch, auf denen steht: »Allah und das Grundgesetz sind groß!« Toka sagt, wenn man über alles Witze machen darf, wenn es keine Grenzen gibt, dann herrscht Chaos, und das darf nicht sein. So gesehen, ist Toka auch nur ein humorloser Spießer wie viele andere Deutsche auch. Ein Mensch, den es wahnsinnig aufregt, wenn jemand die Müllcontainer hinterm Haus beschmiert hat. Ganz sicher ist er Mitglied im Mieterschutzbund und hat eine Rechtsschutzversicherung. Ganz sicher hat er für jeden Wasserwerfer geklatscht, der die Chaoten aus der brennenden Schanze in Hamburg getrieben hat. Und wenn Sie jetzt wachsende Sympathie für Herrn Toka verspüren, dann merken Sie, wie deutsch er schon ist. Reichen Sie Herrn Toka endlich Ihre deutsche Spießerhand! Er hat sich bewegt, das muss man anerkennen. Integration ist keine Einbahnstraße, Annäherung von beiden Seiten tut not. Es ist immer gut, wenn sich Menschen aufeinander zu bewegen, solange sie es nicht im Panzer tun.

Beispiel Boateng

Alexander Gauland von der ziemlich rechten AfD behauptete einmal, die Mehrheit der Deutschen würde Jérôme Boateng nicht als Nachbarn haben wollen. Später löste er den Prank auf, nach dem Motto: »Ich stelle ja nur fest, wie es ist, nicht wie ich es gerne hätte.« Er sei mal wieder falsch verstanden worden. Hatte sich also missverständlich ausgedrückt, wie so oft. Das muss man verstehen, schließlich war er einst Leiter der Hessischen Staatskanzlei, später Herausgeber der »Märkischen Allgemeine«, und er ist promovierter Jurist – kurz, mit Sprache hat er's nicht so. Präzise formulieren: Woher soll's denn kommen? Gauland proklamierte also: »Die Mehrheit der Deutschen will einen wie Boateng nicht als Nachbarn.« Das löste eine gewaltige Welle der Solidarität mit dem Fußballer aus. Millionen Deutsche fragten sich, wo das Problem sei. Boateng ist in Berlin geboren, diszipliniert und eine Leistungsmaschine. Er ist ein Vorbild für Fairplay, Familienvater, bescheiden, also im besten Sinne untauglich für Integrationsdebatten, denn da gibt es nichts zu integrieren. Deutscher als

Boateng geht es nicht. Er ist weder gut noch schlecht integriert – er ist einfach da. Nun ja, eine Kleinigkeit gibt es noch, die ihn von »uns« trennt: Ein echter Deutscher hätte Gauland natürlich angezeigt. So wie Herr Toka.

Beispiel Sinti

»Roma« ist der Oberbegriff. Sinti nennen sich die Roma, die in Mitteleuropa leben, und das schon seit 600 Jahren. In den Amtsstuben nennt man sie »Rotationseuropäer«. Die deutsche Klischeekiste zu diesen Menschen ist prall gefüllt: Sinti sind in Wohnwagen unterwegs und verkaufen uns überteuerte Teppiche. Wenn wir nichts kaufen, dann betteln sie. Dem Volksglauben nach entführten sie sogar unsere Kinder. »Wenn de unartig bist, dann holen dich de Zijaainer!«, drohte uns noch die Oma. Die Redewendung »Nie mit leeren Händen gehen« ist wahrscheinlich eine Sinti-Weisheit, ebenso wie »Man muss auch einstecken können«. Wenn ihre flinken Finger nicht gerade in unsere Manteltaschen greifen, flitzen sie über die Saiten der Zigeunergitarre, das fahrende Volk ist nämlich unglaublich musikalisch. Heute empfindet man sie lediglich als Ärgernis, weil sie laut Spiegel-TV Immobilien verwohnen, aber früher hatte man Angst. Ihre Ankunft verhieß nichts Gutes, und ihr Fluch war gefürchtet, jedenfalls mehr als der Fluch eines Deutschen. »Die alte Zigeunerin hat dich mit einem Fluch belegt!«, klang deutlich unheimlicher als: »Der Herr Schulze von der Sparkasse hat dich mit einem Fluch belegt!«

So weit die Klischees. Die Wirklichkeit ist vollkommen anders. Sinti waren schon vor Jahrhunderten Teil der deutschen Gesellschaft. Einige dienten schon in den fürstlichen Regimentern als Offiziere, besetzten Toppositionen. Berühmt ist das Porträt des Anton La Grave, Landleutnant in Kurmainz, aus dem Jahr 1730. Auch im Ersten Weltkrieg lagen sie ganz selbstverständlich als deutsche Soldaten in den Gräben. Sinti wurden sesshaft und nahmen den christlichen Glauben an. Kein Problem. Aber die deutsche Mehrheitsgesellschaft reagierte mit einem Durcheinander aus Dulden und Diskriminieren. Mal gab es die Staatsangehörigkeit, dann wieder wurde von »Zigeunerplage« gefaselt, und die Sinti wurden verfolgt oder verjagt. Die deutsche Geschichte ist eine unrühmliche Liste von Verboten und Abwehrvorschriften gegen Sinti bis hin zur »Vertilgung«, auf Deutsch: Man beschloss ihre Ausrottung. Zum Glück war man dabei wenig konsequent, weshalb die Sinti immer irgendwie davonkamen. Das änderte sich 1933. Die Nazis brachten Sinti mit widerlicher deutscher Gründlichkeit um. *Porajmos* ist das Romanes-Wort für diese Vernichtung. Über die Hälfte wurden umgebracht und damit auch ein großer Teil dieser Kultur, die ausschließlich mündlich fortgetragen wurde.

Nach dem Faschismus gab es dafür Entschädigungen. Die Sinti fuhren nun mit Mercedes-Benz-Flaggschiffen durch die Lande. Auch die Wohnwagen waren vom Feinsten. Als ich klein war, machten sie ein-, zweimal im Jahr bei uns Station. Sie hatten einen Stellplatz am Dorfrand gemietet, direkt am Fluss. Das ist lang vorbei. Mittlerweile sind die Sinti nämlich Dauercamper in der deutschen Gesellschaft. Aufgefallen ist das niemandem. Wikipedia:

Bereits 1982 stellte die Bundesregierung fest, dass die Sinti »entgegen der landläufigen Meinung [...] fast alle seßhaft« seien.

So sind die. Die Sinti. Hinter »unserem« Rücken haben die sich einfach selbst integriert. Sie sind Deutsche. Das waren sie natürlich schon vorher, denn sie leben ja schon länger auf deutschem Boden, als zum Beispiel der Staat USA existiert. Sie sind viel deutscher als Familie Schimanski aus Duisburg. Deren Vorfahren kamen viel später. Aber unterm Strich ist auch das alles Quatsch, deutscher als andere geht nicht. Das ist genauso doof wie der Satz: »Meine Hochzeit war früher als deine, ich bin verheirateter als du!« Sinti sind deutsch, mit besonderer Geschichte zwar, aber sie gehören dazu. »Er gehört zu mir wie mein Name an der Tür«, singt Marianne Rosenberg, die berühmteste Sinti-Frau Deutschlands.

Exkurs: »Ein Türke, der so redet ...«

Rassismus findet man nur in den schmutzigen Gassen unserer Gesellschaft, Menschen mit Status und Bildung sind vielleicht blasiert, aber wenigstens nicht fremdenfeindlich. Dachte ich zumindest, aber ein Clip auf YouTube hat mich geheilt. Es ist ein Ausschnitt aus der Talkshow »III nach neun« vom 8.5.1998. Titel: »Zaimoglu vs. Simonis«, übersetzt in korrektes YouTube-Deutsch: »Zaimoglu zerstört Simonis!« Dieses Zeitzeugnis beweist: Der deutschen Elite konnte man es als Türke nicht recht machen. Damals.

Zu Gast waren der Schriftsteller Feridun Zaimoglu und drei deutschtürkische Schauspieler und Schauspielerinnen des Jungen Theaters Bremen, die seine »Allemannenbeschimpfungen« in einer literarischen Performance zum Besten gaben. Offensiv und mit derber, poetischer Sprache weigern sie sich, die dankbaren Kümmeltürken zu mimen. Schon der erste Satz macht klar, dass hier Spike Lee kommt und nicht Onkel Tom: »Da schmeiß ich mal ein großes ›Fick dich!‹ in die Runde.« Heute, nach fast 20 Jahren deutschem Gangsta-Rap und Schmähgedichtaffären, lockt man mit solchen Wortattacken keinen Kulturwächter mehr hinterm Sofa hervor, und junge Hip-Hop-Fans würden wahrscheinlich wegdämmern, aber damals war das ein echter Pulsbeschleuniger. Jedenfalls für die, die anschließend darüber diskutierten. Und das war bemerkenswert, denn das Gegenteil hätte man erwartet. Die Personen und ihre Darsteller:

Norbert Blüm (»Herz-Jesu-Marxist«, CDU)

Heide Simonis (Schleswig-Holstein-Mutti, SPD)

Harald Juhnke (Schauspieler und Buttermilch-Testimonial)

Wolf Biermann (Dichter, Liedermacher und Fremdschämaktivist)

Es fängt so gut an: Zuerst berichtet Zaimoglu, dass er endlich den deutschen Pass empfangen habe. Toll. Dann folgt die Performance der Schauspieler, dann Applaus, und dann poltern alle (außer Harald Juhnke) dummdreist auf den Poeten ein, als hätte er gerade in den Reichstag gefurzt; man spürt, hier soll der Türke, der zuerst mit dem Buch *Kanak Sprak* große Literatur abgeliefert hat, vom Hof des deutschen Kulturbetriebs gejagt werden. Man könnte zuerst meinen, die sprachliche Wucht des Werkes sei vielleicht zu viel für die alten Menschen, aber da ist noch etwas anderes, eine bissige Abwehrhaltung, die gar nichts mit Zaimoglus Sprache zu tun hat, sondern – wir ahnen es – mit seiner Herkunft.

Frau Simonis stößt die derbe Sprache der Schauspieler auf wie fettes Dönerfleisch. Das lässt ihr keine Ruhe: »Aber ein Türke, der so redet ...«, beginnt sie und mahnt, so eine Sprache würde Gewalt provozieren. Ebenso Norbert Blüm, der einräumt, für ein bisschen »Ramba Zamba« sei er immer zu haben, aber diese Sprache, nein, die sei nun wirklich »menschenverachtend«. SPD und CDU sind sich einig: Dieses Land könnte so friedlich sein, wenn da nur nicht die türkischen Dichter wären; würden die sich ein bisschen gewählter ausdrücken, hätte es in Mölln und Solingen auch nicht gebrannt. Wie echte Menschen außerhalb des Bundestages sprechen, weiß Blüm schon lange nicht mehr. Auch Simonis ist schon seit fünf Jahren Ministerpräsidentin in Kiel und hat keine Ahnung, wie man um die Kieler Werft herum im Stadtteil Gaarden spricht. Sie findet es unfair, dass Zaimoglu sich trotzig-stolz *Kanake* nennt, sie ihn aber nicht so bezeichnen dürfe. Dass das *Reclaiming*, also die positive Aneignung eines rassistischen Schimpfworts durch die Beschimpften, das Wort mitnichten zum Allgemeingebrauch freigibt, will der Sozialdemokratin einfach nicht in den Kopf. Und dann driftet sie von der Sprachkritik ganz automatisch zur Herkunft Zaimoglus:
»Sie nutzen etwas schamlos aus, dass wir sprachlos davorsitzen und sagen, wenn er das gerne möchte, dann muss er sich so ausdrücken dürfen. Ich darf in der Türkei auch nicht so reden, und deshalb erwarte ich von Ihnen, dass Sie ein Stück Rücksicht ...«

Stopp! Hatte Zaimoglu nicht gerade erklärt, dass er Deutscher ist? Das muss wohl untergegangen sein. Ich bin mir nicht sicher, was man Ende der Neunziger in der Türkei so alles sagen durfte, Heide Simonis in Istanbul, die ein »Fickt euch!« in die Runde schleudert, hätte aber frischen Wind in die SPD gebracht. Auf Zaimoglus Zurechtweisung: »Sie kommen mir schon wieder mit der Türkei, ich bin hier aufgewachsen«, ballert sie sofort hinterher: »Ja, aber Sie haben ein türkisches Erbe [...] sorry, das kriegen Sie nicht los!« Aha! Türke bleibt Türke, und der darf sich in der Kunst nicht so viel erlauben wie seine deutsch-deutschen Kollegen. Gut, dass das auch mal geklärt wurde!

Das Kreuzfeuer wird zunehmend heftiger, keiner lässt den Schriftsteller ausreden, und zwar aus einem einfachen Grund: Zaimoglu lässt sich das nämlich nicht gefallen. Mit frechem Selbstbewusstsein, aber immer beherrscht, kontert er die peinlichen Angriffe. Er sitzt im Studio von Radio Bremen wie Bruce Lee, umzingelt von Gegnern, die einer nach dem anderen auf ihn eindreschen, nicht mehr auf den Dichter, sondern auf den Türken. Zaimoglu:

»Es gibt verschiedene Possen des Türkenerkennungsdienstes. Wir haben die Ausländerbeauftragten, die mit der Kulturkonflikttheorie uns auf den Geist gehen. Wir haben die Multikulti-Forscher, das sind so Neckermann-Volkskundler, die schnell mal ins Ghetto rübermachen, um dann den Kanaken in seinem Exotenelend zu sehen.«

Für den Rassisten ist der Türke der Fremde, der verschwinden soll, für den wohlmeinenden Teil der Gesellschaft ist er das Problemkind, das eine Dauerbetreuung braucht, »Krisenkreaturen« nennt es Zaimoglu; dass beide Varianten für erwachsene, Steuern zahlende Menschen eine Zumutung sind, sollte doch eigentlich leicht zu begreifen sein. Aber es geht noch schlimmer. Stasi-Opfer und Heinrich-Heine-Epigone Wolf Biermann macht keine Anstalten, dem Dichterkollegen beizuspringen und den Anwesenden die Freiheit der Kunst und den Unterschied zwischen Autor und Werk zu erklären. Stattdessen greift er von hinten an und lanciert einen bizarren Vorwurf:

»Ich habe die Befürchtung, dass Sie überhaupt kein Kanake sind, dass das nur eine Pose ist. Ich möchte wissen, was an Ihnen echt ist, diese etwas salbungsvolle pfäffische Art, wie Sie reden, oder das, was wir dort eben gehört haben.«

Ausgerechnet Biermann, seit Jahren nur noch überlebensfähig am Tropf des Feuilletons, kriegt es nicht in seinen Kopf, dass der Türke, der mit Kraftausdrücken auf die deutsche Selbstzufriedenheit eindrischt, es gleichzeitig wagt, in druckreifem Gelehrtendeutsch zu reden. Noch mal fürs Protokoll: Biermann macht ihm das Integriertsein zum Vorwurf. Darauf muss man erst mal kommen! Ein Türke, der so redet, der kann doch nicht echt sein, da stimmt doch was nicht – der Rassismus in dieser seiner Befürchtung fällt Biermann gar nicht auf. Zaimoglu hat das verstanden, und Bruce Lees Fäuste zischen los. Er erinnert die Runde daran, dass Menschen mit türkischen Eltern trotz Geburt in Kiel oder Berlin für dieses Land noch lange keine Deutschen sind, und watscht Biermann ab:
»Es ist sehr einfach, sich zurückzulehnen und zu sagen, da kommt aber jetzt der Rasse-Levantiner und redet pfäffisch daher. Nein, falsch! Es ist sehr einfach, auch von reputierten Orten, daherzuschwätzen …«

Am Ende bricht Elitentalkmaster Giovanni di Lorenzo das Ganze ab mit den Worten: »Die Gegensätze sind klar geworden, und manchmal kann man sie nicht überbrücken.« Doch, Herr di Lorenzo, man kann! Anscheinend hat es aber keiner gewollt, damals, 1998. Selten lag das Revierverhalten der deutschen Elite so offen zutage: »Beschweren darfst du dich, Türke, aber nicht in diesem Ton!« Hätte die Runde von damals gehört, was Zaimoglus Kunst ihnen sagen will, müssten sie sich heute nicht über die deutsch-türkische Erdogan-Gefolgschaft wundern. Das ist bitter, aber unsere Gesellschaft hat sich seitdem radikal verändert. Sicher werden die »reputierten Orte« noch lange verschlossen sein für Migrantenkinder, aber das sind sie ohnehin für Arbeiterkinder jeglicher Herkunft nach wie vor (wie der Elitenforscher Professor Michael Hartmann quantitativ nachgewiesen hat); trotzdem wären die Gralswächter von 1998 heute nicht so glimpflich davongekommen, hätten sie etwa einen Serdar Somuncu auf gleiche Weise in die Mangel nehmen wollen.

Mittlerweile hat Zaimoglu laut Wikipedia-Eintrag 25 hochkulturelle Auszeichnungen für sein literarisches Schaffen bekommen – mehr als Wolf Biermann. Offenbar schätzt man gerade seine Kombination aus Kraftausdrücken und salbungsvoll pfäffischer Art.

Kaffee

Die Frau ist attraktiv und intelligent, und sie fragt lächelnd: »Wollen wir mal zusammen 'nen Kaffee trinken?« Da würden die meisten nicht lange überlegen, Standardsituation, Tendenz: Machen! Aber ich wäre noch lange nicht datebereit. »Das kommt auf den Kaffee an!«, würde ich antworten. Ich will mir doch nicht mit schlechtem Gebräu aus Billigbohnen das erste Rendezvous versauen. Aber als Kaffeegourmet lebe ich in denkbar guten Zeiten. Noch nie gab es so viel guten Kaffee wie heute.

Ich liebe Espressokaffee in allen Variationen, aber auch guter Filterkaffee geht in Ordnung. Mein Vater hält von der neuen Barista-Kultur nicht viel; er schwört auf selbst aufgebrühten Kaffee und meint: »Früher war mehr Melitta!« Was nicht heißt, dass Kaffee früher genießbarer war – im Gegenteil, das beweisen alte Werbespots. Der legendäre Spot für *Jacobs Krönung* brachte das Elend auf den Punkt: Zur Familienfeier hat die deutsche Hausfrau irgendeinen billigen Muckefuck gekocht, und alle Gäste nehmen angewidert die Tasse vom Mund. Peinlich berührtes bürgerliches Gemurmel. Die Hausfrau bringt verzweifelt ein Tablett halb voller Tassen zurück in die Küche und klagt der besten Freundin ihr Leid. Die zieht *Jacobs Krönung* aus der Handtasche, und das Verwöhnaroma kann die Gäste gerade noch davon abhalten, die Hausfrau zu steinigen.

Rückblickend finde ich es gut, wie die Firma Jacobs die Deutschen zum Genuss erzogen hat, wenn auch die psychologische Druckbotschaft des Werbefilms ziemlich brutal war: »Biete den Gästen schlechten Kaffee, und du zerstörst alles!« Der Werbespot hatte einen wahren Kern, sonst hätte er nicht funktioniert. Bis weit in die Neunzigerjahre des 20. Jahrhunderts hinein quälten die Deutschen sich gegenseitig mit schlechtem Kaffee. Guten Kaffee gab es zwar, aber der war sündhaft teuer. Um die Welt zu verbessern, kaufte ich manchmal auch fair gehandelten Kaffee, der aber äußerst unfair schmeckte!

Seit den Nullerjahren wurde weltweit alles besser, insbesondere im Norden. Island, Schweden und Norwegen haben dasselbe Verständnis für Kaffee wie ich: Kaffee ist heilig, Kaffee ist Kunst! Auch im kleinsten Kaff auf den Lofoten wird ein Kaffee serviert, der es mit dem in Berlin-Mitte aufnehmen kann. Ist ja auch klar: In Skandinavien sind mehr als die Hälfte des Jahres Dunkelheit und Pisswetter angesagt, sich da mit schlechtem Kaffee selbst zu bestrafen wäre ja bescheuert. Beim Genuss macht man hier keine Kompromisse! Dass man in Milchschaum tolle Bilder malen kann, das wusste schon Edvard Munch. Seine Barista-Arbeit *Der Schrei* hat es sogar in die großen Museen der Welt geschafft.

Die Nachfahren der Wikinger leben eine Kaffeekultur aus Konsequenz und Feinheit, das bedeutet beste Zutaten und knallharte Kontrolle. Eigentlich hätte es unter Hitler den besten Kaffee der Welt geben müssen, denn perfekter Kaffee ist das Ergebnis von gnadenloser Überwachung und Zutatenfaschismus. Jedes Glied in der Kaffeekette behält der Barista übers Internet im Blick: kontrollierter Anbau in bester Höhenlage, Beobachtung der Niederschlagsmengen, perfektes Timing für den Ernteeinsatz, kostenintensive Nassaufbereitung der Bohnen und Fermentierung – das Auge des »Kaffeekontrollators« ist überall. Big Barista is watching you! Die Röstung unter atmosphärischem Druck besorgt man am besten selbst, denn hier passiert der meiste Pfusch. Wer hier schlampig arbeitet, kriegt, was er verdient: bitteren Schlabbersaft, Ekelkaffee, Leben versaut!

Doch wir sind noch nicht am Ende. Die perfekt geröstete Bohne kann nun gemahlen und in einen Siebträger gefüllt werden. Die chromglänzende Göttin namens Vollautomat übernimmt den letzten Teil des Jobs. Druck und Temperatur werden mit einer Präzision kontrolliert, die Menschen sonst nur in Kraftwerken und Forschungslaboren einhalten. Eine junge Isländerin mit eisblauen Augen, die das Pfännchen im spiegelblanken Automaten einrasten lässt, das ist die edelste Verschmelzung von Mensch und Maschine, die ich mir vorstellen kann – abgesehen vom Hybrid aus Mensch und *Dyson Airblade*.

Der Lohn für diese Mühen ist ein Kaffee, der sich weit über andere weltliche Genüsse erhebt. Der erste Schluck vom Edelcappuccino ist ein Augenblick tantrischer Verschmelzung. Es beginnt mit einem milden Kaffeebouquet, das über der Zunge in zwei Ströme zerfließt und sich in ein feines Laken aus nussigen Aromen verwandelt. Man spürt noch kurz das süß-buttrige Milchfett auf der Zunge, und durch die Nase gesellt sich ein kerniger Duft dazu, dann schluckt man das Gebräu feierlich hinunter und genießt, wie das Koffein langsam die Sinne befreit.

Wichtig: Bitterstoffe haben im Kaffee nichts, aber auch gar nichts zu suchen. Ein bitterer Kaffee ist kein »starker Kaffee«, wie viele Amateure glauben – er ist scheiße! Das Leben ist schon bitter genug. Nach dem Barista-Kaffee sollte man eine Zigarette rauchen wie nach jedem guten Sex. So gut kann Kaffee sein. Aber rätselhafterweise verkaufen immer noch Kioskbesitzer den Taxifahrern etwas als Kaffee, das in Wahrheit aus gemahlenen Kaffeebohnenabfällen besteht. Die armen Teufel müssen den bitteren Geschmack in viel Zucker und Kondensmilch auflösen. Sie werden um wahren Genuss betrogen, bevor sie wieder ins Auto steigen, und am Ende ihres Lebens warten Fettleibigkeit, Diabetes und ein früher Tod.

Das wird mir nicht passieren. Bevor der Schnitter Tod die Sichel für mich wetzt, werde ich so viel guten Kaffee genießen wie möglich, und möglich ist vieles, denn wir erleben paradiesische Zeiten. Die Baristas flechten ein immer engeres Netz aus Kaffeespezialitäten ums Erdenrund, und ich finde sie alle. Köln, Berlin, Schweinfurt, Karlsruhe, Buenos Aires, Bergen, Reykjavik, sogar in Spitzbergen hat man mir eine umwerfend gute Tasse Cappuccino serviert. Tapfer sein muss man allerdings, wenn es ans Bezahlen geht. Die Preise in Norwegen knallen besser als jedes Koffein!

Die schlimmste Kaffeehölle fand ich im Großbritannien der Neunzigerjahre vor. Man hätte es ahnen können. Die Briten sind bekanntlich in der Lage, Fleisch und Gemüse sämtlichen Geschmack auszutreiben; sie nennen das Verfahren »Cooking«. (Auf dem Teller liegt ein Klumpen Materie ohne Charakter, geruch- und geschmacks-los. Wenn irgendwer einmal durchs Weltall reisen wird, dann die Briten. Sie könnten als Einzige über lange Zeit geschmacksfreie Welt-raumnahrung essen, ohne durchzudrehen.) Logisch, dass die Briten auf guten Kaffee nicht einen Penny gaben. Filterkaffee gab es im Kö-nigreich so gut wie gar nicht zu kaufen. Man verarbeitete die Kaf-feebohnen zu Instant Coffee – so die offizielle Version. In Wahrheit füllten die Engländer Rollsplitt in Gläser. Den lösten sie in Wasser auf und sagten dann einfach, sie würden Kaffee trinken.

Die Kaffeewerbung war nicht weniger bizarr, denn sie glich den deutschen Werbespots bis aufs Haar, nur dass statt Filterkaffee *Nescafé* auf dem Tablett stand – beim Geburtstag! Ich schwöre, so war es! Wenn im deutschen Spot das Familienfest mit *Jacobs Krönung* ge-rettet wurde, stand beim englischen ein Glas Rollsplitt auf dem fest-lich gedeckten Tisch, und die Gäste schnupperten an den Tassen und machten »Mmm«.

Ich bin dankbar, in einer Zeit leben zu dürfen, in der Kaffeetrinken ein Moment der Vollkommenheit sein kann. Das Café der Nullerjahre war Vorbote der Achtsamkeit, Wiederentdeckung von Gemütlichkeit und der Wertschätzung guter Qualität. Es ist der Ausgang des Men-schen aus seiner selbst verschuldeten gastronomischen Unmündig-keit.

Auch in England hat sich vieles zum Guten gewendet. Der Sie-geszug der Siebträger hat auch vor den Britischen Inseln nicht halt-gemacht. Man muss dem fragwürdigen Konzern *Starbucks* leider zugestehen, dass er großen Anteil an der Verbreitung der neuen

Kaffeekultur hatte. Ab 2002 wurde in Deutschland die Jugend komplett umgekrempelt. In den Achtziger- und Neunzigerjahren war es noch undenkbar, dass Jugendliche sich zu Kaffee und Kuchen treffen; das taten nur Omas und Opas im Café Schlüter oder in der Konditorei Beckemeyer. Städte wie Berlin sind heute voll mit neuen, coolen Cafés, in denen junge Menschen Kaffeespezialitäten und frische Heidelbeermuffins genießen, während sie auf ihren Laptops Projekte managen, CI-Videos schneiden oder nach noch mehr coolen Cafés googeln. Dabei lümmeln sie auf Sperrmüllsofas oder knuffigen Palettenmöbelkreationen herum, und es gibt gratis Wasser, in dem Orange oder Minze schwimmt. Das WLAN-Passwort ist irgendwas zwischen Arabica1234 und Badekapp-Cake, und Englisch ist hier quasi Amtssprache. Aus den Boxen schallt absolut unkommerzielle, vollkommen ehrliche Singer-Songwriter-Musik aus Kanada. All die Heimeligkeit, die Starbucks nur vortäuscht, kommt hier von Herzen. Hier ist die Welt noch im Lot, Schlägereien in Barista-Cafés sind unbekannt. Wenn hier einer das Messer zieht, dann nur, um den veganen Bratapfel-Toffee-Cheesecake anzuschneiden. Hier würde ich am liebsten mein ganzes Leben verbringen. Ich schreibe diese Zeilen gerade bei einem exquisiten Cappuccino und schaue auf die regennasse Straße in Berlin-Mitte. Aber was ist das? Drei Bechermenschen flitzen durch das Bild. Sie haben *Coffee to go* gekauft, weil sie glauben, dadurch irgendeinen Vorteil zu haben. Wahrscheinlich mehr Zeit, um noch weiter zu flitzen. Coffee-to-go – das ist ein Widerspruch in sich, so wie Sofa-tostand. Was sind das für Menschen! Wer einen Deckel auf den Kaffee klemmen muss, damit er nicht überschwappt, kaschiert nur sein eigenes Versagen. Ihr kaputten Businesstypen, lasst es euch gesagt sein:

Kaffee braucht keinen Helm!

Genießen ist kein Wettbewerb!

Eine Symphonie ist kein Klingelton!

Sushi isst man nicht mit Pommes!

Das Einhorn ist kein Zettelspieß!

Den Garten Eden bucht man nicht für Events!

Ein Deckel auf eurem Kaffee ist wie der Sarkophag von Tschernobyl, eine Schutzhülle für den Super-GAU eurer jämmerlichen, von Zeitnot geprägten Existenz. Was ihr braucht, ist nicht mehr Zeit, was ihr braucht, sind Porzellan, ein Sessel und jede Menge absolut unkommerzielle, vollkommen ehrliche Singer-Songwriter-Musik aus Kanada. Ihr seid die Terroristen der Kaffeekultur, und ich rufe euch zu: Not in my name! Das hat mit Kaffee nichts zu tun! Kaffee bedeutet Frieden. Aber ihr habt nichts verstanden! Ich sehe Bechermenschen, sie sind überall. Sie verfolgen mich bis in meine Träume. Außer mir sind alle eilig unterwegs. Fast sieht es so aus, als würde der Kaffeebecher sie hinter sich herziehen. Sie laufen zu einem geheimnisvollen Ort, den ich nicht kenne. Ich weiß nicht, was sie da wollen oder was da ist. Ich weiß nur: Dort gibt es offenbar keinen Kaffee.

Zähne

Ich liebe es, junge Menschen zum Lachen zu bringen, denn so kann ich den Anblick ihrer schönen Zähne genießen. Schneeweiß und gerade aufgereiht, erinnern sie an die Lamellenvorhänge einer kieferorthopädischen Praxis. Ich muss es wissen, denn ich sehe pro Jahr viele tausend Menschen lachen. Meist sind es ältere Semester, deren Gebisse selten perfekt sind. Anders die Jüngeren: Sie sind die erste Generation mit durchgehend geraden Zähnen.

Die Archäologen der fernen Zukunft werden keine Mühe haben, unsere Epoche in den Erdschichten zu identifizieren. Sie erkennen sie an Schädeln mit tadellosen Zähnen und den zahlreichen Prachtbauten der Zahnärzte.

In Mitteleuropa werden die Gebisse immer besser. Der Mund von Shane McGowan, Sänger der Pogues, erinnerte ganz und gar nicht an Lamellenvorhänge, eher an einen geschändeten Friedhof mit umgestoßenen Grabsteinen, aber auch er hat seine Zähne renovieren lassen. Seitdem ist sein Säuferimage dahin, er verkauft kaum noch Platten und muss sich von Fallobst ernähren. Ein Glück, dass er wieder kraftvoll zubeißen kann! Die dentale Gentrifizierung macht eben vor niemandem halt.

Schiefe Zähne müssen den Kindern von heute vorkommen wie Missbildungen. Die Zahnspange als kulturelle Errungenschaft wird völlig unterschätzt. Das metallene Korsett schiebt im Schneckentempo die Zähne zurecht und sorgt dafür, dass es keine Ausreißer mehr gibt. Alle haben die gleichen geraden Gebisse. Wer allerdings krumme Zähne hat, wird gemobbt, mal mehr, mal weniger subtil. Wenn etwa zum Geburtstag ein altes Pogues-Album auf dem Gabentisch liegt, wo man doch eigentlich auf Heavy Metal steht, weiß man, woher der Wind weht. Wer eine Spange trägt, spürt den Konformitätsdruck physisch im Mund. Für viele Minderjährige ist sie der legale Einstieg in die Piercingkarriere, solange Metall im Körper noch verboten ist und auch geheim gestochener Schmuck immer auffliegen kann. »Erwischt! Mutter entdeckt Nippelpiercings der Tochter auf Röntgenbild«, hieß es einmal in der Zeitung.

Die Gebisse der Jugend sind nicht nur gerade, sondern auch vollständig. Nur die Alten haben Zahnlücken, das ist die neue »Generation-Gap«. Junge Menschen kennen schiefe Zähne nur noch aus Büchern, »Weltspiegel«-Berichten über Nepal oder aus Filmen, die im Mittelalter spielen. Das Casting dafür stelle ich mir schwierig vor, jedenfalls in unseren Breiten, wo lückenhafte Gebisse ja kaum noch zu finden sind. Der Regisseur Jean Jacques Annaud war offenbar so verzweifelt, dass er für seinen Film »Der Name der Rose« zu harten Maßnahmen greifen musste: zur Zange. Er ließ mehreren Darstellern Zähne ziehen, damit in den Mündern der Mönche ordentliche Lücken klafften, wie sich das fürs Mittelalter gehört. Ob das Catering-Personal den Schauspielern das Fleisch klein schneiden musste, ist mir nicht bekannt.

Heute weicht man beim Elendscasting nach Osteuropa aus. Das hat sich schon bewährt bei Filmen über den Zweiten Weltkrieg. Osteuropa bietet dem Casting-Agenten eine reiche Auswahl an verhärmten und ausgemergelten Gesichtern, die hierzulande fehlen, weil so vieles besser geworden ist, eben auch die Zahnmedizin. In Rumänien ist die Lage besonders schlimm. Einer von fünf Rumänen hat Zahnlücken. Ausgerechnet im Heimatland Draculas. Gesunde Eckzähne sollten hier Bürgerpflicht sein.

Der erste »Zahnarzt« war übrigens der Dorfschmied, und sein Maßnahmenkatalog war denkbar übersichtlich. Karies: Zahn ziehen. Entzündungen: Zahn ziehen. Fehlstellungen: Zahn ziehen. Die Zähne damals waren wie heutige Billigprodukte: Reparieren lohnt nicht.

Dr. Schmied nahm seine klobige Zange zur Hand und zwang den faulenden Störenfried, den Kiefer sofort zu verlassen. Die Zahnfee kam nicht. Wenn er starb – also der Schmied –, sagten viele zu Recht: »Er hinterlässt eine große Lücke.«

Aber die Zahnmedizin machte große Fortschritte, und schon bald wurden erste Bohrer entwickelt, um den Zahn zu retten. Im nordenglischen Freilichtmuseum Beamish konnte ich mal eines der ersten Modelle besichtigen. Es stammte aus dem Jahr 1912 und funktionierte ohne Strom. Den Antrieb hatte man sich von den Nähmaschinen abgeguckt. Man musste ein breitflächiges Fußpedal treten, und über Riemen und Räder wurde die Drehung umgeleitet bis zum Bohrer. Natürlich war die Drehzahl gegenüber heutigen Modellen ziemlich lausig und das Bohren sehr schmerzhaft. Je langsamer die Drehung, desto länger das Bohren und desto schlimmer die Qual. Oder frei nach dem friesischen Physiker Otto Waalkes:

Je länger das zzzz, desto lauter das Aaaah!

Aber dabei blieb es nicht. Die Drehzahl der Bohrer wurde seither stetig erhöht. Heutige Bohrer sind turbinenbetrieben. 1957 kamen die ersten Luftdruckturbinen als Zahnarztbohrer auf den Markt. Damals erreichte eine handelsübliche Bohrmaschine maximal 6.000 Umdrehungen pro Minute. Das sind 100 Umdrehungen pro Sekunde. Gar nicht mal schlecht, aber die neuen Turbinen schafften ganze 5.000 pro Sekunde. Damit waren die alten Bohrer reif fürs Volkskundemuseum und landeten gleich neben Faustkeil, Speer und VHS-Kassette. Und natürlich haben die Ingenieure seitdem keine Pause gemacht, heutige Turbinen donnern mit 400.000 Umdrehungen in der Minute über den faulenden Zahn. Das sind 6.666 Umdrehungen in der Sekunde. Es würde mich nicht wundern, wenn James Dyson, der Erfinder des *Dyson Airblade*, hier seine Finger im Spiel hatte! Solch galaktische Umdrehungszahlen erreichte man nur mit Stahlkugellagern. Die wurden aber durch die unfassbare Reibung extrem erhitzt. Zahlreiche Patienten gingen in Flammen auf, verkohlte Leichen auf Zahnarztstühlen geisterten durch die Presse, Zahnarztpraxen brannten bis auf die Grundmauern nieder. In den Trümmern: Zähne. Tausende Mütter demonstrierten vor den Gesundheitsämtern mit Fotos ihrer verbrannten Liebsten in den Händen, Lichterketten in den Städten – zur Sicherheit ohne Kerzen. Höchste Zeit für die Bohringenieure in den Laboren, noch mal nachzulegen. Also entwickelten sie Kugellager aus Keramik, die weniger Reibung erzeugen. Zudem werden Bohrer und Zahn heute mit Flüssigkeit gekühlt, sodass keine akute Feuergefahr mehr besteht. Nur ganz selten verbrennen noch Patienten im Zahnarztstuhl, meistens weil sie heimlich rauchen, wenn der Doktor mal kurz austritt. Kleine Sünden bestraft der liebe Gott sofort.

Die Kids von heute gehen mit Zahnpastagrinsen durch die Welt, und die kollektive Urangst vorm Dentisten ist auch passé. In meinem Bühnenprogramm *No Wumme, no Cry* hatte ich jahrelang einen Song, der hervorragend funktionierte. Aus Springsteens »Born in the USA« dichtete ich ein Zahnarztlied mit dem Refrain: »Er wird bohrn, und dann tut es weh!« Die Vorlage eignete sich besonders gut, weil man den Refrain so schön panisch herausbrüllen konnte. Und weil jeder im Publikum den Horror kannte. Aber je jünger die Zuschauer, desto weniger Brisanz hat das Thema für sie. Neulich, nachdem ich das Lied mal wieder gespielt hatte, sagte mir ein zehnjähriges Mädchen: »Das Lied war echt cool, obwohl, ich habe ja gar keine Angst vorm Zahnarzt. Ich bin da voll gern, weil im Wartezimmer haben die so lustige Zeitschriften. Und außerdem bekommt man nachher etwas geschenkt, zum Beispiel einen Ring mit einem Bären oder einem Delfin.«

Aha. Schöne neue Welt. Ich bekam damals keine Delfine, ich bekam nicht mal eine Spritze. Auf dem Zahnarztstuhl zuckte ich eher wie ein Delfin im Thunfischfangnetz. Mein erster Zahnarzt hielt Spritzen offenbar für unnötiges Beiwerk, mit dem man es nicht übertreiben sollte. Betäubung gab es nur beim Zähneziehen, nicht aber beim Bohren, da musste ich halt mal die Zähne zusammenbeißen, haha. Drei Backen- und zwei Schneidezähne höhlte »Doktor Sado« mit dem Bohrer aus, ohne Betäubung, und wenn ich jaulte wie eine angefahrene Katze, fuhr er mich an, ich solle mich nicht so anstellen. Ich übertreibe mit keiner Silbe. Der Mann gehörte eigentlich nach Den Haag vor den Internationalen Gerichtshof. Aber ich war darauf trainiert, zu gehorchen, und wäre nie auf die Idee gekommen, die Zusammenarbeit zu beenden. Ich war sogar Privatpatient. Ich hätte einfach aufstehen und gehen können. Aber preußische Disziplin (ein anderes Wort für unsägliche Dummheit) ließ mich durchhalten, als wäre ich an den Stuhl gefesselt wie Dustin Hoffman in *Der Marathon Mann*. Heute würde ich aufstehen, mein Handy zücken und dem Mann eine Bewertung bei Jameda verpassen, dass ihm Bohren und Sehen vergehen.

Also war's das. Bohrophobie. Turbinentrauma! Fast 20 Jahre lang setzte ich keinen Fuß mehr in solche Folterhöllen. Und hatte das Glück, niemals unter Zahnschmerzen zu leiden. Trotzdem kam der Tag, an dem mir beim Kaugummikauen eine Füllung aus dem Backenzahn sprang. Ich war endgültig fällig und ließ mir eine Zahnärztin empfehlen, die den Ruf hatte, besonders sanft zu Werke zu gehen. Sie schob mir ihren Dentalspiegel in den Mund und diktierte der Assistentin eine unerträglich lange Liste von Schadensmeldungen: »... 37C okklusal, 38F ...« Das klang wie eine Runde Schiffeversenken. Im Geiste checkte ich die Koordinaten meiner Zähne und dachte bei mir: »Treffer ... Treffer ... versenkt!« Binnen Minuten war die gesamte Schiffsflotte meiner Hoffnung abgesoffen. Es gab bedeutend mehr zu tun, als nur eine Füllung zu erneuern. Scheiße! Frau Doktor fragte mich: »Möchten Sie denn vor dem Bohren eine Betäubungsspritze?«

Wie bitte? Ob ich eine Spritze möchte?

Wohnt der Papst im Vatikan?

Gucken Männer Pornos?

Hau das Ding da rein!

»Jaaa, bippe!«, presste ich heraus. Und dann passierte das Wunder: Es passierte nichts. Ich spürte die Spritze so gut wie gar nicht. Sie legte an, und ich wartete auf ein Pieksen, einen Schmerz, irgendwas. Aber nichts. Vielleicht kannte sie Regionen im Gaumen, wo keine Nerven liegen. Vielleicht hat sie nur so getan, weil sie gar keine Zahnärztin war. Vielleicht war sie auch ein Engel. Während des Bohrens sollte ich einfach die Hand heben, falls ich irgendetwas spürte, dann würde sie sofort absetzen. Und so passierte es: Sobald auch nur mein Zeigefinger zitterte, stoppte das schneidende Geräusch, und ihre beruhigende Stimme fragte mich, ob es weitergehen könne.

»Opay. Pein Probem!«

Nach der Behandlung war ich euphorisch wie noch nie, ich erwähnte, dass ich jemanden bei der Zeitung kenne, der ihr einen

Freundschaftspreis für Werbeanzeigen machen könnte. Sie winkte ab: »Werbung brauche ich nicht. Das läuft bei mir alles über Mundpropaganda.«

Lärm

Wir leben in lärmigen Zeiten, aber so laut ist es dann auch wieder nicht. Die alten Römer hatten zwar keine lauten Autos, aber dafür hatten sie auch keinen Flüsterasphalt. Manche Lärmquellen haben wir in den letzten Jahrzehnten konsequent heruntergeregelt, wie zum Beispiel Haushaltsgeräte oder Politiker. Angela Merkel spricht im Schnitt deutlich leiser als Joseph Goebbels. Wir sind ruhiger geworden.

Zugegeben, unsere Welt heute ist alles andere als still. Wo findet man noch richtige Stille? Irgendwo brummt und rauscht immer was. Nur einmal, in einer frostigen, windstillen Januarnacht in Mecklenburg-Vorpommern, stand ich auf dem Balkon eines Landhotels und hörte nichts, wirklich gar nichts. Die Stille hatte eine physische Präsenz. Minutenlang stand ich ehrfürchtig im akustischen Vakuum. Nur ich, die Dunkelheit und Milliarden von Sternen am eisklaren Firmament. Dann hörte ich vom Nachbarbalkon zweimal lautes Furzen, und eine Männerstimme sagte: »Scheiße, ist das still!«

Zugegeben, Lärm kann schlimmer sein als körperliche Schmerzen. Neulich waren die Handwerker da. Sie kamen um neun Uhr morgens und rissen mich aus dem Schlaf. Dann folterten sie mich stundenlang durch Hämmern, Bohren und Poltern. Meine eigene Wohnung war zur Falle geworden. Auf der Suche nach Ohropax riss ich hektisch alle Schubladen auf wie ein Junkie, der seinen Stoff braucht. Ich stopfte mir Watte in die die Ohren, setzte meine Kopfhörer mit Noise-Cancelling-Funktion auf und merkte, dass das gar nichts brachte. Der Lärm der Handwerker ging durch alles hindurch, direkt in meinen

Schädel. Es fühlte sich an, als steckte mein Kopf in einem *Dyson Airblade!* An Schlaf war nicht zu denken, Arbeiten unmöglich, und als mein Agent anrief, brüllte ich nur: »Ich verstehe dich nicht wegen des Lärms!« Er verstand mich aber nicht wegen des Lärms. Meine Nerven lagen blank, ich fing an, die Männer zu hassen. Ich riss die Tür auf und brüllte so laut, dass mir die Adern schwollen: »Ruhe, Ihr Scheiß-Bohrmaschinen-Drecksficker!« Aber sie hörten mich nicht und machten ungerührt weiter. Mein Bild von der Hölle: eingesperrt in einem Raum ohne Fenster und Türen, und die Handwerker sind da.

Zugegeben, die Stille ist rar geworden. Aber das heißt nicht, dass unsere Welt heute lauter ist als früher. Weil wir wissen, dass Lärm gesundheitsschädlich sein kann, gibt es Gesetze, Grenzwerte und Schallschutz. Davon konnten die armen Teufel in den Fabriken der Vergangenheit nur träumen, sie ruinierten ihr Gehör durch täglichen Dauerlärm. Wer an einer stark befahrenen Straße lebte, hatte den Lärm auch noch nach Feierabend, und das ist ungesund: »Ab einem äußeren Dauerschallpegel von 65 Dezibel am Tag oder 55 Dezibel in der Nacht erhöht sich das Risiko für gesundheitliche Schäden durch Verkehrslärm deutlich«, sagt der Lärmforscher Michael Jäcker-Cüppers. Lärmschutzfenster sollte also eigentlich die Krankenkasse zahlen, zumal sie verblüffend gut funktionieren. Trotz Baustellenlärms auf der Straße sitzt man drinnen in flauschiger Ruhe. Sollte eines Tages der Russe bei uns einmarschieren, müsste er schon bei allen Leuten klingeln oder anrufen und sagen: »So, wir sind jetzt da!« Denn Panzer und Explosionen draußen auf der Straße würden die meisten von uns gar nicht hören.

Wenn Sie vielleicht gerade im Großraumabteil eines ICE sitzen und nicht viel mehr hören als ein allgemeines Flüstern um Sie herum, machen Sie sich klar, mit welchem Tempo Sie da gerade durch Deutschland rauschen! Und trotzdem können Sie in Ruhe am Laptop arbeiten (es sei denn, Sie sitzen im Großraumabteil inmitten johlender Fußballfans und angetrunkener Kegelklubs). Ein Bahnnerd schrieb in einem Internetforum: »Wenn ich ICE fahre, bin ich davon begeistert, wie ruhig der Zug sogar bei 300 km/h innen ist, obwohl es draußen sehr laut ist. [...] Die allgemeine Laufruhe des ICE ist toll, es rappelt und klappert nichts, man hat gar nicht das Gefühl zu fahren, sondern zu schweben.« Das hat nichts mehr zu tun mit den alten Triebwagen der Deutschen Bahn; dort saß man inmitten einer Wolke aus Krach und Zigarettenqualm und musste sich permanent anbrüllen. Einziger Vorteil: Johlende Fußballfans oder Kegelklubs machten da auch keinen Unterschied mehr.

Auch die Schallschutzmauern an den Autobahnen wirken erstaunlich gut. Als ich in Essen lebte, radelte ich einmal durch die Wohngebiete entlang der A 40 und war verblüfft, welch idyllische Ruhe dort herrschte. Der Lärm der am stärksten befahrenen Autobahn Europas war effektiv gedämpft und klang wie entferntes Meeresrauschen. Bei Stau verstummte das Rauschen vollends, und man hörte nur noch die Vögel zwitschern, sonst nichts – bis auf das Gebrüll entnervter Autofahrer im Stau. »Genießt doch mal die Ruhe!«, rief ich über die Mauer. »Fresse, da unten!«, schallte es aus einem geöffneten Fenster.

Zugegeben, der Straßenverkehr macht Lärm, aber längst nicht mehr so viel wie früher. Anfang des 20. Jahrhunderts waren die Metropolen viel lauter. Die Lokomotiven lärmten mit den Straßenbahnen um die Wette, und die ersten Töff-Töffs knatterten zu Tausenden durch Chicago oder Berlin. Heute ist das Lauteste an vielen Autos der Reifenabrieb, bei Schnee fahren sie fast lautlos vorbei. Denn heutige Motoren laufen leiser, und sie werden auch besser abgeschirmt. Dafür gibt es jede Menge physikalische Tricks und einen ganz neuen Berufsstand: den Geräuschdesigner. Noch nie von Geräuschdesign gehört? Gut so, das ist ja meist auch der Sinn. Geräuschdesigner haben den Klang vieler Maschinen leiser gemacht – oder auch geiler, was im Falle von Autos dann wieder lauter bedeutet, zumindest im Innenraum. Sportwagenfahrer wollen ja gerade hören, was die Kolben vor ihnen so treiben, und die Kolben treiben es laut. Deswegen sind die Fahrer hinter solchen Hochleistungsmotoren bei bestimmten Frauen auch so beliebt. Wenn die Jungs den Motor an der Ampel aufheulen lassen, sprechen Anthropologen vom »rituellen Balzdröhnen juveniler Menschenmännchen«. Damit der Rest der Welt vom 6-Zylinder-Paarungsruf nicht belästigt wird, sind die Sportwagen schon lange so designt, dass man draußen wenig vom Motor hört, während im Fahrerraum die Hölle los ist. Nachteil: Der Lärm schädigt das Gehör des PS-Proleten, er hört immer schlechter, irgendwann wird er schimpfen, dass das Gebrüll der Zylinder viel zu leise ist, die Porsche-Ingenieure in Ingolstadt werden nachjustieren und die Innenraumgeräusche des Wagens noch lauter machen – ein Teufelskreis! Am Ende steht in 20 Jahren die völlige Gehörlosigkeit aller Sportwagenfahrer. Wer die Verantwortlichen in der Autoindustrie darauf hinweisen will, stößt natürlich auf taube Ohren.

Geräuschdesigner haben auch Wichtigeres zu tun, als krachgeilen Zylinderfetischisten ihr Gehör zu retten. Sie müssen die Autos außen wieder lauter machen. Ja, lauter! Denn die modernen Elektromodelle sind so leise, dass man sie nicht kommen hört. In vielen deutschen Fußgängerzonen fahren Elektrobusse Passanten über den Haufen. Zu leise ist eben auch nicht gut. Deshalb wird nun daran gearbeitet, Motorengeräusche digital beizumischen, damit man sie wieder hört. Was den Sound betrifft, hat man natürlich alle Freiheiten; man könnte auch Songs des Schlagerduos Die Amigos abstrahlen, dann würden die Menschen zur Seite springen wie aufgescheuchte Gämsen in Todesangst. Ein hoher Preis, aber Hauptsache, noch am Leben!

Zugegeben, Großstädte sind laut, aber im Vergleich zu früher leben wir auch in der Großstadt ein relativ ruhiges Leben. Mein Bruder wohnte jahrelang in Berlin im zweiten Hinterhof, und ich war überrascht, wie geräuscharm die größte Stadt Deutschlands sein konnte. Hinterhöfe sind Oasen der Ruhe, der Straßenlärm dringt bis dorthin nicht mehr durch. Hier finden sich Mietwohnungen und ein Yogastudio, wo jeden Tag nur sechs Stunden Betrieb ist; darin hört man nichts außer dem sanften Ausrollen der Yogamatten. Vor nicht mal 100 Jahren waren in den Hinterhöfen noch jede Menge Werkstätten untergebracht, und das Hämmern, Sägen, Pumpen und Schleifen machte den

Anwohnern den Alltag zur Hölle. Yogastudios gab es noch nicht, aber wenn die Kreissäge von nebenan jault, ist an Tiefenentspannung ohnehin nicht zu denken. Der Yogaschüler hätte den Lehrer angebrüllt: »Ich scheiß auf meinen inneren Wesenskern, bei dem Lärm hört man ja sein eigenes Mantra nicht mehr!« Der Yogalehrer – mittlerweile auch mit den Nerven am Ende – brüllt zurück: »Dann geh doch nach Hause, und schrei mir nicht meine verfickte Yogastunde kaputt!« Der Schüler: »Geht nicht, zu Hause sind die Handwerker!«

Große Wunder der Lärmvermeidung vollbrachten die Geräuschdesigner Anfang der Neunzigerjahre beim Geschirrspüler. Unser erster stammte noch aus den Siebzigern und leistete immer gute Dienste. Nur: Wenn er lief, war die Küche praktisch unbetretbar, man musste sich gegenseitig anbrüllen, als stünde man im Maschinenraum von *Das Boot,* wo Obermaschinist Johann alias »das Gespenst« vorbeihuscht und prüft, ob der Diesel sauber läuft. Dann kam der neue Geschirrspüler, und von nun an hörte man neben einem kleinen Grundrauschen nur noch ein angenehmes Gluckern. Mittlerweile sind fast alle Modelle so leise und Deutschlands Küchen wieder ein Hort für die ganze Familie.

Aber Geräuschdesigner können noch mehr. Das Grundgeräusch bei heutigen Rasierapparaten ist leiser als bei älteren Geräten, aber wenn auch nur zwei, drei Stoppel geschnitten werden, wird ein überaus angenehmes Raspeln hörbar, das anzeigt, dass hier gerade sehr gründlich gearbeitet wird. Man braucht den Rasiererkopf nur aufzusetzen, und schon knistert es los – ganz eindeutig Fake. Ein bisschen so, wie wenn der Chef ins Büro kommt und alle übertrieben angestrengt in den Ordnern blättern, damit es nach Arbeit aussieht.

Auch das Crunch-Geräusch von Chips oder Cornflakes wird im Labor erforscht. Eine Maschine zerstampft eine Handvoll Chips, und der Schall wird aufgenommen und analysiert. Das eigens dafür gebaute Messinstrument heißt tatsächlich *Crispometer.* (Früher hat man die Chips mithilfe echter Totenschädel zermalmt, um ein möglichst realistisches Klangbild analysieren zu können. Wirklich wahr!) Parallel

Es ist nicht alles so scheiße, wie du denkst

dazu müssen Probanden stundenlang Chips zerbeißen und sagen, wann es am angenehmsten klingt (Toller Job! Fast so gut wie riechen für Geld). Die Konsistenz der Chips wird dann auf die Vorlieben abgestimmt, und am Ende steht der perfekte Knusper-Sound. Ich persönlich wähle den Crunch-Faktor meiner Chips nach dem Einsatzgebiet aus. Für Filmabende empfehle ich leisere Produkte, Kesselchips etwa sind irre laut und somit der Feind geschliffener Filmdialoge, besonders bei Krimis kann man leicht die überraschende Auflösung verpassen, weil der entscheidende Satz von krachendem Lärm übertönt wird. Dezibelangaben auf der Chipstüte könnten da hilfreich sein. Oder Hinweise wie: »Geeignet für Liebesfilme, Bibliotheken und Gottesdienste«.

Ich gebe zu, dekadent ist das allemal: den Klang von Kartoffelchips optimieren, während anderswo die Menschen gar nichts zu knuspern haben. Aber ist das nicht immer so, wenn es um Optimierung geht? Darf man zum Mond fliegen, solange auf der Erde noch jemand hungert? Darf ich Filme über Slumbewohner auf dem UHD-Fernseher gucken? Sollen wir Gehörlose mit Cochlea-Implantaten zwangsbeglücken, damit sie nachher Markus Lanz hören müssen? Die Welt ist kompliziert. Aber wenigstens nicht so laut.

Partywissen: Sesamstraße in Guantánamo

In Guantánamo wird mithilfe von lauter Musik gefoltert. In Endlosschleife und verbunden mit Schlafentzug soll das sehr gut funktionieren. (Ich bin mir aber sicher, meine Handwerker dort vorbeizuschicken wäre viel effektiver!) James Hetfield von Metallica war sehr stolz zu hören, dass man mit »Enter Sandman« vermeintliche Terroristen in den Wahnsinn treibt. Ich habe deshalb meine einzige CD der Band entsorgt, natürlich still und leise. Aber mir sprang auch sofort der kleine Comedy-Teufel auf die Schulter und wollte noch mehr Songs auswählen. »Sie mag Musik nur, wenn sie laut ist« von Herbert Grönemeyer, das wäre originell. Richtig fies: »Take me home, country road, to the place I belong ...« Und fürs Verhör Tears for Fears: »Shout, shout, let it all out. These are the things I can do without. Come on, I'm talking to you, come on!«

Tatsächlich finden sich auch Lieder aus der Sesamstraße auf der Folter-Playlist der Amerikaner. Jeden Tag das Quietsche-Entchen-Lied, Hunderte Male die Woche, Jahr für Jahr. Christopher Cerf, der die Titelmelodie und 200 weitere Sesamstraßen-Songs komponierte, war bestürzt und protestierte dagegen, dass mit seiner Kunst hundertfach am Tag Menschenrechte verletzt werden. Vielleicht legt sich das wieder, wenn er seine Tantiemenabrechnung bekommt.

Tierliebe

Menschen lieben Tiere, als Freund oder als Brotaufstrich. Aber früher war das Tier ausschließlich Rohstoffquelle. Speer rein, Eingeweide raus, hieß es bei den nordamerikanischen Ureinwohnern. »Indianer« finden wir cool wegen ihres nachhaltigen, respektvollen Umgangs mit der Natur. Bevor sie das Bison erlegten, haben sie sich bei ihm entschuldigt, so heißt es. Mag ja sein, aber am Ende landete das Tier auf dem Grill. Ich als Bison hätte die Entschuldigung jedenfalls nicht angenommen.

Im Einklang mit der Natur leben hieß für Naturvölker nicht, besonders zimperlich zu sein. Ganz früher war es also schlimm, die Tiere durften nichts Gutes von uns erwarten, und danach wurde es auch nicht besser, eher schlimmer. Unsere Vorfahren in Europa haben Tiere gefangen, gejagt oder gequält, einfach so. In seinem 1.000-Seiten-Wälzer *Gewalt. Eine neue Geschichte der Menschheit* erwähnt Steven Pinker, dass im Frankreich des 16. Jahrhunderts das Verbrennen einer Katze auf dem Marktplatz eine beliebte Jahrmarktsattraktion war. Der Todeskampf und das Gejaule des armen Tieres waren ein Spaß für die ganze Familie. Heute werden auf dem Jahrmarkt keine Katzen mehr verbrannt, man verbrennt dort nur noch Geld – zum Beispiel beim Kauf von überteuerten Handyhüllen, die so hässlich sind, dass man damit wieder Katzen quälen könnte.

Auch heute steht längst nicht alles zum Besten, was Tiere betrifft. Die moderne Fleischproduktion ist definitiv Tierquälerei, und die Mehrheit der Deutschen bewertet die Massentierhaltung negativ. Eine Studie der Universität Göttingen von 2011 hat das nachgewiesen. Umso erstaunlicher also, dass es nicht mehr Protest gibt. Stellen Sie sich vor, Ihr Nachbar hält tausend süße Golden Retriever in einer großen Stallung. Die Hunde können niemals raus und müssen auf einem rutschigen, stolperigen Spaltboden stehen. Beschäftigt werden sie gar nicht, nur gemästet. Wenn Sie dann Ihren Nachbarn dafür kritisieren, könnte er erwidern: »Ja, ist nicht schön, aber wenigstens sind es keine Schweine, die sind nämlich intelligenter als Hunde.« Das wäre unerträglich zynisch, aber wissenschaftlich korrekt. Es ergibt keinen Sinn, wenn man mit dem Hund kuschelt, das Schwein aber verwurstet. Oder rückwärts formuliert: Wer Schweinelenden isst, dürfte eine Hundemortadella auch nicht verschmähen. Ich will hier niemanden anklagen oder verstören, mir geht es nur um die fehlende Logik. Außerdem bin ich optimistisch: So viel wie heute wurde noch nie über Tierwohl diskutiert. Und früher, man ahnt es schon, war sowieso alles noch schlimmer. Als ich klein war, hat man auf dem Dorf »überflüssige« Hunde- und Katzenbabys einfach eingeschläfert. Und das war schon ein Fortschritt, denn noch kurz davor hieß es: an die Wand schleudern oder im Sack ertränken. So hat es uns der Opa erzählt. Hunde lebten im Zwinger oder im Hof an der Kette, und die war oft nicht länger als einen Meter. Da sprangen sie dann in einem Kreis von zwei Metern in ihren Pisspfützen hin und her und bellten alles Fremde an. Wenn es dem Bauern zu bunt wurde, gab es Dresche mit dem Besen. Andere Hunde waren frei und streunten den ganzen Tag durchs Dorf. Dabei zeugten sie Nachwuchs, der dann wieder im Sack landete. Noch in den Siebzigerjahren waren Hunde, die im Haus gehalten wurden, eher die Ausnahme. Diese Welt ist bei uns komplett verschwunden. In ganz Deutschland finden Sie nur noch wenige Hunde im Zwinger und noch weniger an der Kette. Nach dem Erfolg von *Fifty Shades of Grey* bin ich mir sogar sicher, dass in diesem Moment mehr Menschen angekettet sind als Hunde.

Ich erzähle das vor allem deshalb, weil es noch gar nicht so lange her ist und trotzdem völlig fern und fremd erscheint. Unser Verhältnis zum Tier hat sich rasend schnell geändert, gerade auch durch neuere Erkenntnisse der Bewusstseinsforschung sowie die sich daraus ergebenden Fragen der Tierethik. Früher war es den Menschen egal, wie ein Tier sich fühlte. Man tat ihm nur so viel Gutes, wie nötig war, um das Beste aus ihm herauszuholen: seine Milch, sein Fleisch, seine Federn. René Descartes war sich sicher, dass Tiere kein Bewusstsein haben. Er verglich sie mit Maschinen, deren Schmerzensschreie als eine Art Simulation von Gefühlen zu verstehen seien.

Heute lieben wir in Mitteleuropa unsere Tiere so abgöttisch, dass Menschen aus anderen Kulturkreisen nur staunen können. Für einen Deutschen ist eben ein Hundegeschirr etwas ganz anderes als für einen Chinesen. Ein Student aus dem Reich der Mitte, der bei mir Deutsch lernte, schrieb einmal in seinem Aufsatz: »Achtung! In Deutschland Hunde sind Schätzchen.« Und das ist noch untertrieben, wie ein Gang in einen Markt für Tierprodukte zeigt. Da gibt es »Mineralwasser für Katzen«, für Hunde gibt es eingeschweißte Hasenohren als Snack und sogar ein Strategiespiel. Auch eine Art Bademantel für Hunde war im Angebot. Es hat sogar mal ein Kunde gefragt, ob es veganen Pansen gebe. Wir wollen das Paradies für unsere vierbeinigen Freunde – und werden dabei ausgenommen wie eine Weihnachtsgans. Neu ist das alles nicht. Ich erinnere mich an das »Wildschweinfutter«, das Ende der Siebzigerjahre ein Automat am Wildschweingehege in unserer Nähe anbot. Für 30 Pfennig zog man eine kleine weiße Pappschachtel aus dem Fach. Darin befand sich ein Dutzend Eicheln, die man den Wildschweinen hinhalten konnte. Man hätte sich aber auch einfach bücken können, man stand nämlich auf Eicheln …

Hunde leben heute mit uns als gleichwertige Familienmitglieder in unserem Haushalt. Sie kommen mit aufs Familienfoto und in den Urlaub. Es gibt Wiesen und Strände extra für Hunde, Hundesitter und Hundepensionen, sogar einen extra Friedhof. Viele gehen mit Balu in die Hundeschule, damit er seine Aggressionen in den Griff bekommt. Natürlich wissen wir, dass das Problem oft »am anderen Ende der Leine« liegt, aber das andere Ende lernt ja auch was in der Hundeschule. Man sollte also vermuten, dass die Anzahl der Hundebisse in Deutschland gesunken ist. Tatsächlich förderten meine Recherchen eine Erfolgsbilanz zutage. Am friedlichsten sind wohl die Hunde in Berlin. Von 1999 bis 2013 sank dort die Zahl der »Bissvorfälle« von rund 300 auf 25 pro Jahr. Über die Ursachen streitet man. Manche sagen, die sogenannte Rasseliste habe dafür gesorgt, dass Pitbull und Konsorten mehr und mehr verschwinden, andere wieder bestehen darauf, diese Rassen seien friedlicher als ihr Ruf. Wahrscheinlich hat sich also auch das andere Leinenende gebessert. Prognose: Deutschland ist bald ein Land von gewaltfreien Hunden.

Übrigens: Wer seinen Hund von Kopf bis Schwanz betüddelt, behandelt ihn nicht immer artgerecht. Wenn Sie Ihrer winselnden Finja ein Wurstbrot schmieren, ist das nicht artgerecht. Wolfsforscher haben mir bestätigt, dass in freier Wildbahn beim *Canis Lupus* so gut wie nie Wurstbrot auf dem Speiseplan steht. Auch sitzen weder Wölfe noch Füchse gerne auf dem Schoß einer anderen Spezies. Und das Ergebnis meiner Umfrage unter deutschen Tierärzten: Noch nie wurde ein sterbender Hund eingeliefert, der verhungert war, weil ihm das Futter nicht schmeckte.

Hunde zu verhätscheln wie hilflose Babys ist nicht artgerecht. Aber immer noch besser, als Tiere zu quälen. Fest steht: Vierbeiner haben heute bei uns ein besseres Leben als jemals zuvor. Streitbare Veganer meinen zwar: »Nur frei ist artgerecht!«, aber ich habe meinen Hund schon dreimal im Wald ausgesetzt, und er kam immer zurück; mit der Freiheitsliebe hat er's wohl nicht so.

Sicher wird auch die Milch- und Fleischproduktion mit der Zeit noch artgerechter und damit menschlicher (oder müsste man sagen »tierischer«?). Der Prozess ist noch nicht zu Ende. Gut möglich, dass in absehbarer Zeit sowieso Schluss ist mit dem Schlachten von Tieren, denn technisch ist es bereits möglich, aus Stammzellen ein Steak zu züchten. Dann könnten sogar Veganer wieder richtiges Fleisch essen, weil ja kein Tier dafür leiden musste. (Na ja, nicht ganz. Man braucht immer noch Stammzellen, die man irgendwelchen Tieren entnehmen muss. Aber eine Riesenverbesserung gegenüber der Schlachtung von Millionen!) Experten gehen davon aus, dass Fleisch aus Stammzellen in absehbarer Zeit ökonomisch und ökologisch die Nase vorn haben dürfte. Die Massentierhaltung verbraucht Unmengen von Wasser, führt zur Rodung von Wäldern, erzeugt den Klimakiller Methangas und viel zu viel giftige Gülle. Durch flächendeckende Antibiotikabehandlung innerhalb eines Mastbetriebes (Metaphylaxe) werden resistente Bakterienstämme regelrecht herbeigezüchtet, und dann wird es auch irgendwann für uns Menschen gefährlich. Es braucht also gar keine Gruselvideos von PETA mehr, es geht mittlerweile um unsere eigene Sicherheit. Aber natürlich ist unser Verhältnis zu Tieren auch im Wandel begriffen, wir wollen sie einfach nicht mehr leiden sehen. Sogar die Toreros in Spanien müssen sich mittlerweile Sorgen um die Rente machen. Die Asociación Nacional de Organizadores de Espectáculos Taurinos (ANOET) beklagte: Zwischen 2007 und 2015 sank die Zahl der Stierkämpfe von 3.700 auf 1.700. Innerhalb von acht Jahren mehr als halbiert: Für die meisten Spanier ist der Stierkampf ein rotes Tuch.

Die Tierquälerei zu beenden hat eigentlich nur Vorteile. Es wird dann auch leichter, sadistische Serienmörder zu schnappen. Die haben nämlich eines gemeinsam: Sie fallen schon als Kind dadurch auf, dass sie Tiere quälen, quasi als Höhentraining für ihr späteres Treiben. Wenn Tierquälerei geächtet ist, ist jeder, der es trotzdem tut, automatisch ein Serienmörder. Einfacher kann man es der Polizei nicht machen.

Behinderte

Vor zehn Jahren erlebte ich bei einer Open Stage einen blinden Stand-up-Comedian, dessen Name mir leider entfallen ist. Sein Einstieg: »Eine Frau meinte neulich zu mir: ›Das muss echt schwierig sein, sich ein Leben lang nur mit dem Stock zu orientieren.‹ Und ich zu ihr: ›Nee, ohne Stock wär schwierig!‹« Behindertenwitze finde ich klasse, sie sind nämlich sehr fortschrittlich und wichtig – wenn sie gut sind. Ein guter Witz trägt bei zur Inklusion von Behinderten. Inklusion kommt von lateinisch »inkludere«, was »einschließen« bedeutet – das ist ein sehr schlechter Witz, denn genau das hat man viel zu lange mit behinderten Menschen gemacht: irgendwo einschließen. Aber Behinderte soll man nicht wegsperren, sondern abschaffen!

Meinen ersten Tag als Zivi in einer Behindertenwerkstatt vergesse ich nie. Ich war den Anblick Behinderter nicht gewohnt und musste erst einmal tief durchatmen, denn hier waren sie konzentriert auf engstem Raum. Aber schon nach wenigen Tagen legte sich das. Hat man am ersten Tag noch Angst vor dem schlurfenden Wesen mit dem mahlenden Kiefer und den Stielaugen, sieht es nach einer Woche schon anders aus. Man weiß nun, das ist der Lutz, der arbeitet in der Kugelschreibergruppe, mag nicht so gerne Apfelkompott, und statt zu sagen: »Find ich gut!«, drückt er sich an die Brust des anderen. Außerdem tanzt er jeden Freitag. Und warum sollte man Angst vor einem Mitglied der Tanzgruppe haben? Udo war ein massiger junger Mann mit Downsyndrom, der nur mit wenigen Worten kommunizierte. Man durfte ihn nicht mit kompliziertem Satzbau behelligen, beim ersten Nebensatz war er raus – gewissermaßen der klassische BILD-Leser. Was er zu sagen hatte, kapierte man auch so. Einmal stellte er sich demonstrativ vor mich, atmete tief ein und sagte: »Samstag – Udo – Berlin!«, das Ganze mit einem »Da-staunste-was?«-Tonfall. Dann wiederholte er die Worte noch zweimal, damit ich auch richtig neidisch werde. Am Montag darauf war ich gespannt zu hören, was Udo in Berlin erlebt hatte. Als er dann aufgeregt auf mich zustampfte, machte ich mir ernsthaft Sorgen. »Udo – Berlin ...« – und dann folgte nur noch Gebrüll. Er bog seinen Oberkörper hin und her, legte den Kopf in den Nacken, trommelte auf die Brust, brüllte herum, dann kreisten seine Hände um ihn herum, während die Zeige- und Mittelfinger zu flattern schienen. Schließlich biss er sich theatralisch in die Hand. Ich alarmierte sofort den Gruppenleiter Kurt, Udos wichtigste Bezugsperson. »Was um Himmels willen ist denn nur passiert in Berlin?« Kurt antwortete so beiläufig, als hätte ich ihn nach einem Bleistift gefragt: »Nichts.« – »Was meinst du mit nichts?« – »Udo hat nur Fernsehen geguckt. *King Kong*.« Und schon war alles klar. Udo wiederholte seine Show noch einmal für mich, und tatsächlich: Man sah jetzt alles vor sich. King Kong, umschwirrt von Flugzeugen und Fingerhubschraubern, nach denen er greift und schnappt, dann verwandelt er sich in kreischende Menschenmassen und wieder in Flugzeuge. Man musste nur genau hinsehen. Ich rief aus: »Ah, das ist King Kong!« Udo machte ein erleichtertes »Naaaa ...!«, wendete sich ab und ließ mich stehen wie den letzten Idioten – der ich ja auch war. Udo verstand unsere Sprache ganz gut, wenn es nicht zu kompliziert wurde, aber ich verstand seine Sprache nicht mal im Ansatz. Ich hatte noch viel zu lernen in der Behindertenwerkstatt.

Inklusion meint einschließen im Sinne von »in unsere Mitte nehmen«. Behinderte sollen auch dabei sein. Nicht wie früher, als man sie, wo man konnte, wegsperrte. Und gar keine Witze über Behinderte zu machen, ist eine soziale Form des Wegsperrens. »Der ist so anders, so bizarr, über den darf man nicht mal Witze machen!« Witze über Behinderte dürfen kein Tabu sein! Ausnahme sind Analphabeten, darüber macht man keine Witze, das ist ungeschriebenes Gesetz.

Die Werkstätten, in denen ich Zivi war, befanden sich in Osterode, 15 Kilometer von meinem Dorf entfernt. Jeden Morgen brachte ein Bus ein knappes Dutzend Menschen aus unserem Dorf dorthin. Und schon in der Grundschule lernte ich die ersten Witze.

Steck mal beide Zeigefinger in den Mund, zieh die Mundwinkel auseinander und frag mich: »Wie komm ich am besten nach Osterode?«

Hie hommif em iftn no Offterowe?

Mit dem Behindertenbus. Ahahaha!

Kategorie schlechter Witz. Das war nicht progressiv, es war nur diskriminierend. Behindert, Mongo, Spasti – diese Wörter waren scharfe Munition bei der verbalen Abwertung des Gegners. Oder ganz kurz auch »Zabel« bei uns. Zu der Zeit lief nämlich im deutschen Fernsehen eine bemerkenswerte Serie mit dem Titel *Unser Walter*. Die Hauptfigur Walter Zabel ist ein Kind mit Downsyndrom, was man damals noch »mongoloid« nannte. Erstmals wurde im deutschen Fernsehen gezeigt, wie eine Familie darum kämpft, dass ihr behinderter Sohn als gleichwertig anerkannt wird und so autonom wie möglich leben darf. Die Serie begleitet Walter von seiner Kindheit über die Jugend bis zum Erwachsenwerden. Ich kann mich an fast nichts mehr erinnern außer einer einzigen Szene: Der erwachsene Walter hat sich in der Großstadt verlaufen. Es ist dunkel geworden, er hat Angst und spricht in seiner Verzweiflung Passanten an. Aber die rennen davon, als wäre das *Monster aus der Schwarzen Lagune* vor ihnen aufgetaucht. Die Szene hat mich offenbar sehr berührt, wenn sie mir noch nach vierzig Jahren im Gedächtnis geblieben ist. Das hielt mich aber nicht davon ab, andere Kinder zu beschimpfen mit der neuen Formel: »Ey, du Zabel!« »Zabel« hielt sich aber nicht lange, weil es schon damals das universellere »Du Spasti!« gab, heute noch gebräuchlich in seiner Kurzform »Du Spast«.

Serien wie *Unser Walter* haben erfolgreich dafür geworben, dass die Gesellschaft empathischer gegenüber Behinderten wird. Aber noch besser als Mitgefühl ist eine Welt ohne Behinderte. Behinderte entstehen durch Behinderungen oder Hindernisse. Und viele

Hindernisse kann man aus dem Weg schaffen, dann gibt's auch keine Behinderten mehr. Schon Mitte der Achtziger las ich einen Artikel über einen Professor, der seinen Sohn mit Downsyndrom durch konsequentes Training und modernste Lernübungen bis zum Abitur gebracht hatte. Was war passiert? Wurde da eine Behinderung beseitigt? Oder war der Sohn nie behindert, wenn doch das Potenzial in ihm schlummerte? Angenommen, die Brille wäre nie erfunden worden, dann wären extrem kurzsichtige Menschen quasi blind, also behindert. Einen Kurzsichtigen behindert zu nennen käme uns aber nie in den Sinn. Es gibt ja die Brille, die die Behinderung verschwinden lässt. Behinderung ist relativ, sie entsteht erst durch die Umwelt. Pinguine sind die Artisten des Meeres, extrem schnell, flink und wendig – aber an Land stapfen sie wie behindert über die Felsen. In dem Science-Fiction-Film *LIFE* ist einer der Wissenschaftler in der ISS querschnittsgelähmt. Das erfährt man aber nur nebenbei, weil es in der Schwerelosigkeit keinerlei Bedeutung hat. Das Lerntraining des Professors war die Brille für den Jungen mit Downsyndrom oder das Wasser oder die Schwerelosigkeit. *Lern*behinderungen sind vielleicht oft nur *Lehr*behinderungen. Die Didaktik der Vergangenheit war vielleicht noch nicht gut genug, aber sie wird immer besser, und Behinderungen verschwinden. Mittlerweile gibt es in der spanischen Stadt Valladolid die erste Stadträtin mit Downsyndrom.

Unsere moderne Umwelt lässt noch mehr Behinderungen verschwinden: Behindertenparkplätze, die Leitsysteme aus Blindenstockrillen in den Fußgängerzonen, die Rollstuhlrampe am Bus, sanft abfallende Bordsteine, die barrierefreien öffentlichen Gebäude, all das hat unsere Städte architektonisch verfeinert. Weniger Stufen, Ecken und Kanten, das kann nicht schaden, das hat was Anthroposophisches. Skateboarder sind geheime Nutznießer der schiefen Ebenen an Finanzämtern, und ich erfreue mich manchmal an der Bequemlichkeit von barrierefreien Toiletten. Heimlich natürlich.

Behinderte gehören in unsere Mitte. Ich erinnere mich an ein paar coole Projekte mit Behinderten, die ruhig mehr Nachahmer finden dürften: Station 17 ist eine Hamburger Band, in der Behinderte und Nichtbehinderte ziemlich abgefahrene Musik machen. Guildo Horn hatte mal eine Talksendung im TV mit größtenteils geistig Behinderten, da wurde viel über die Behinderten und ihre Äußerungen gelacht, aber auf Augenhöhe, Horn hat sie nie vorgeführt. Die Inklusion behinderter Kinder in der Schule macht große Fortschritte. Ob es den Behinderten nützt oder schadet, wird zwar noch heiß diskutiert, aber ich denke: »Versuch macht kluch.« Das Zusammenleben von Behinderten und Nichtbehinderten muss endlich mal Normalität werden. Immer noch erschrecken »Normale«, wenn sie Menschen mit krassen Behinderungen erleben. Die Begegnung mit Rassisten stecken sie gut weg, dabei ist Rassismus streng genommen auch eine Behinderung. Rassisten sehen Probleme, die gar nicht da sind.

Die Technik hat gerade auch für Behinderte eine Menge toller Verbesserungen bewirkt, und die werden immer spektakulärer. Dank Text-to-Speech-Programmen können Blinde im Internet jeden erdenklichen Text lesen. Cochlea-Implantate machen Gehörlose zu fröhlichen Cyborgs, und im Sport tauchen ganz neuartige Probleme auf. So wurde Behindertensportlern mit Beinprothesen die Teilnahme an manchen regulären Wettbewerben untersagt mit der Begründung, die Prothese verschaffe ihnen einen zu großen Vorteil, sprich, sie laufen schneller als die »Gesunden«. Schöne verkehrte Welt! Auch die bionischen Handprothesen werden immer besser, schon jetzt sind viele mittels Nervensignalen vom Gehirn steuerbar. Die Kosten liegen allerdings bei 15.000 Euro pro Stück. *Second Hand* muss nicht immer billig sein.

Absolut Science-Fiction ist das sensationelle Exoskelett. Ein Gerüst aus Metallstreben und Elektromotoren als Muskelersatz hüllt den gelähmten Körper ein, während hochkomplexe Software für fließende Bewegungen sorgt. Ein Wunder geschieht: Lahme können wieder gehen. A.I. is the new Jesus! Bisher sind die Exoskelette etwas schwerfällig, aber es ist nur noch eine Frage der Zeit, bis diese Technik so elegant und alltäglich sein wird wie Rollstühle oder Hörgeräte. Am

Ende dieser Entwicklung wird der Mensch das Exoskelett so beiläufig anziehen, wie man eine Brille aufsetzt. Und vielleicht sogar übers Wasser gehen, wer weiß? Eine Querschnittslähmung ist dann kein Beinbruch mehr.

Bei Menschen mit Locked-in-Syndrom (sie sind bei Bewusstsein, können aber nicht kommunizieren, nicht mal die Augen bewegen) sind Neurologen jetzt in der Lage, die Gehirnaktivität zu messen, und können lesen, ob der Patient *ja* oder *nein* denkt. Trefferquote 70 Prozent. Diese Quote erreichen die meisten Ehepaare nicht mal beim Sprechen.

Behinderte entstehen durch Behinderungen, und je mehr Behinderungen wir mit Entschlossenheit und Technik besiegen, desto weniger Behinderte gibt es. Auch früher schon kümmerte man sich um Behinderte, aber sie waren nur Empfänger von Mitleid und Wohltätigkeit, keine unabhängigen Subjekte. Kämpfen wir also weiter für eine Welt ohne Behinderungen und ohne Behinderte! Auch wenn wir dadurch ein paar echt gute Witze verlieren.

Alkohol (Mojito, Ergo Sum)

Eisgekühlter Bommerlunder, Bommerlunder, eisgekühlt,
Eisgekühlter Bommerlunder, Bommerlunder, eisgekühlt.

Früher war Alkohol noch kein Problem. Die TV-Sendung »Presseclub« hieß noch »Internationaler Frühschoppen«, jeden Sonntagvormittag sah man »fünf Journalisten aus acht Ländern«, die das Weltgeschehen kommentierten, dabei rauchten und Weißwein aus Römergläsern tranken. Heute undenkbar. Nüchterne Journalisten sind ein relativ neues Phänomen. Der Vollrausch hat in den letzten zwei Jahrzehnten einen krassen Imageverlust erlitten. Früher war der Weg in den Alkoholismus noch eine Mischung aus Gruppenekstase, sportlicher Übung und Heldentat.

Ich erinnere mich an eine Szene aus dem TV-Film *Treffer* von 1984. Der blutjunge Dietmar Bär sitzt am Lagerfeuer, zieht eine Pulle Bier aus der Kiste und kommentiert: »Die letzte Viererreihe ist immer die schwerste.« Was für ein genialer Spruch! Die Bierkiste als Marathonstrecke, Saufen als Ausdauersport, der Kotzeimer als Wanderpokal – das gefiel uns. Folgendes feinsinnige Ritual aus dem Film übernahmen deutsche Jugendliche: Wenn einer rülpst, müssen sich alle sofort die Hand als Horn vor den Kopf setzen und »Schulz« rufen, sonst gibt's einen Stirnklatscher. Akki, Totti und Matze waren leider immer schneller als ich.

»Rülps.«
»Schulz.«
»Schulz.«
»Schulz.«

»Hä?«

Klatsch!

Man darf hier nicht nach dem Sinn fragen. *Treffer* war Kult, und Kult kommt von cool. 1984 gab es zwischen *Pac Man* und Zauberwürfeleh zu wenig Coolness. Da traf es sich gut, dass man mit 13 14 Jahren an den Alkohol herangeführt wurde – oder vielmehr geschubst. Dass der Alkohol Organe und Karrieren zerstören kann, dass er tödliche Unfälle verursacht, dass er einfach eine saugefährliche Droge ist, das haben uns die Eltern nie mahnend vor Augen gehalten. Stattdessen hieß Trinken Erwachsenwerden, Pubertät hieß Party, und Partys waren Grenzerfahrungen, mit steigendem Pegel dann nur noch Grunzerfahrungen.

Vollkommen sorglos kippten wir alles in uns rein, ich meistens Bier, gelegentlich Küstennebel, die Mutigen »Cola-Maria«. Mein erster Vollrausch erwischte mich nachts auf dem Fahrrad, das ich in Slalomlinien nach Hause ritt. Ich merkte, dass etwas nicht stimmte, als die feuchte Straße urplötzlich an meiner Wange klebte, wo sie eigentlich nicht hingehörte. Irgendwie hatte sich der Winkel Straße/Fahrrad blitzschnell verschoben. Als ich mich unter Schmerzen langsam wieder aufrichtete, sah ich einen Passanten seelenruhig an mir vorbeispazieren – statt mich wiederzubeleben, in sein Haus zu bringen, die Wunden zu verarzten und mich mit frischen Klamotten in sein Bett zu legen. Und mir dann bis in die Morgenstunden die Stirn abzutupfen. War das schon zu viel verlangt? Ich fand das so unverschämt, dass ich ihm wütend hinterherlallte: »*Assesaler Penner!*«

Ich vertrug einfach zu wenig. Die anderen waren da schon weiter. Mein Kumpel Vladi konnte auch bei zwei Promille mit den Händen in den Hosentaschen halbwegs gerade die Straße entlanggehen und sich mit mir unterhalten. Eines Nachts auf dem Bürgersteig drehte er mitten im Gespräch den Kopf zur Seite und kotzte im Gehen einen Strahl auf den Asphalt. Er blieb nicht stehen, er nahm nicht mal die Hände aus den Hosentaschen. Und redete dann einfach weiter. Ich war beeindruckt.

Jahre später unterhielt ich mich nach einem Gig im Göttinger Nörgelbuff mit einem besoffenen Gitarristen, der zwischendurch an seiner Selbstgedrehten nuckelte. Irgendwann roch es verbrannt, ich sah mich um, konnte aber keinen Brandherd ausmachen. Der Gitarrist nuschelte weiter einen Vortrag über Musik, bis ich schließlich bemerkte, dass aus seiner Hosentasche Rauch aufstieg. Dann stellten wir fest: Er hatte, vom Suff benebelt, seine glimmende Kippe in die Hosentasche gesteckt, die dort unbemerkt weiterkokelte.

Das alles liest sich bestimmt sehr witzig, aber eigentlich sind diese Geschichten nur die Folge total vergifteter Organsysteme – nüchtern betrachtet (hihi). Und trotzdem ist meine Generation längst nicht mehr so schlimm wie viele vor ihr. Als ich klein war, wurde das Bier grundsätzlich mit einem Glas Korn gereicht. Korn war kein Genuss-, sondern ein Narkosemittel und hatte keinerlei Geschmack, er brannte nur höllisch, längerer Kontakt zwischen Schnaps und Gaumen wurde bewusst vermieden. Das bezeugen Sprüche wie »Nich lang schnack'n, Kopp in' Nack'n!« oder: »Hau wech die Scheiße!« Genießer klingen anders. Über Jahrhunderte war unser Verhältnis zum Alkohol eine vollkommen kranke Angelegenheit. Meine Jugend markierte einen Wendepunkt. Harte Sachen gehörten bei uns nicht mehr ins Trinkportfolio. Jedenfalls nicht regelmäßig. Und Cocktails, wo sich der hochprozentige Teufel im exotischen Fruchtaroma versteckt hat, waren in meiner Jugend noch Yuppie-Kacke und viel zu teuer. Für den Preis eines »Sex on the Beach« bekam man eine ganze Kiste Bier, die man zu viert an den Strand schleppte. Das bedeutete rein rechnerisch sechs Null-Dreier pro Nase und jede Menge vermeintlich witzige Sprüche über »sechs on the Beach«. Und natürlich über die letzte Viererreihe.

Bier her! Bier her!

Oder ich fall um.

Im Jahr 1973 gaben fast 70 Prozent der Deutschen an, regelmäßig zu picheln, heute sind es nur noch 30 Prozent, also weniger als die Hälfte. Wenn das kein zivilisatorischer Fortschritt ist! Meine Eltern beneide ich nicht. Ich kann mir nicht vorstellen, dass je eine Generation mehr Alkohol wegschlucken musste als diese Kriegskinder. Nazideutschland war am Ende, die Trümmer wurden weggeschafft, und die Schnapsbrennereien produzierten bald wieder auf Hochtouren. Auf dem Land gab es kaum ein Ereignis, das nicht mit Alkohol getränkt war. Der Klassiker: Schützenfest. Da hieß es saufen, bis der Arzt kommt. Der war längst schon da, hing aber selber angezählt überm Tresen. Das musste er auch, stammte er doch meistens nicht aus dem Dorf. Zugezogene wie er mussten sich ihren Platz in der Gemeinschaft durch öffentliche Abstürze hart erarbeiten. Wenigstens einmal jährlich musste man mitsaufen und gut sichtbar für alle aus dem Saal geschleift werden. Erst dann war man ein vollwertiges Mitglied der Community – Access through Exzess. (Auf heutigen Rockfestivals wird diese Trinkliturgie noch fortgeführt.)

Schützenfeste, Feuerwehrfeste, Anglerfeste, Kegelvereine, Gesangsvereine, Ratssitzungen und vieles mehr: Gelegenheiten gab es mehr als genug, und hier reden wir nur von den Pflichtveranstaltungen. Geburtstage, Hochzeiten und Konfirmationen waren die Kür nach der Pflicht. Hier konnte man zeigen, was man am Glas gelernt hatte. Jeder kannte jeden, und alle wurden eingeladen. Konsequenz war ein prall gefüllter Suffkalender, der mit Weihnachten und Silvester seinen hochprozentigen Abschluss fand. An Geburtstagen begann das feuchte Treiben schon am Morgen. Da wurden Nachbarn und weniger enge Bekannte empfangen, und es gab nach einem Alibikaffee, zum Wurstbrot schon ein Pils und abschließend Magenbitter, »für die Verdauung«. Am späten Nachmittag trudelte dann der harte Kern ein, und man kippte sich Bier und Schnaps in den Rachen, bis man im 60-Grad-Winkel zum Boden nach Hause torkelte. Und warum? Darum.

Zur Mitte, zur Titte
Zum Sack, zack, zack!

Heute nennt man so etwas »Komasaufen«. In der Begrifflichkeit spiegelt sich das neue Gefahrenbewusstsein einer aufgeschreckten

Spaßgesellschaft: Todesdroge Alkohol statt sozialer Schmierstoff. Komasaufen gab es schon immer, man nannte es nur anders, eben: Schützenfest, Feuerwehrfest, Anglerfest, Ratssitzung. Wenn es keinen Anlass gab, war es eine Fete. Oder »feucht-fröhliche Runde bei Bernd«. Gemeint war immer der Vollrausch, und niemand fand etwas daran. Der neue Sorgenbegriff »Komasaufen« beschwört Eskalation und Totalausfall herauf, wähnt den Trinkenden schon hirntot im Krankenbett inmitten piepsender Elektronik. Das mag nun auch wieder übertrieben sein, aber immer noch besser als die Euphemismen früherer Tage: Man pichelte, man war angetütert, hatte einen im Tee oder trank einen über den Durst. Immer nur »einer«. Haha. Der Suff war Spaß, und keines der Wörter dafür war angstbesetzt. Gerne schaute man zu tief ins Glas oder hatte sich – fast schon erotisch – dem Trunke ergeben.

Wer heute ein Alkoholproblem hat, hieß früher einfach Trinker. Fast schon ein Handwerksberuf: der Maurer, der Maler, der Trinker. Jeder, wie er kann. Oder warum nicht gleich ein niedliches Tier? Der Schluckspecht oder die Schnapsdrossel. Ein Vögelchen, das von Ast zu Ast fliegt und die Welt mit seinem Gesang erfreut? Wer beim Anblick einer Schnapsleiche auf solche Metaphern kommt, für den sind Drogentote auch Nadeltäubchen, Messerstecher nennt er Pieksebärchen, und Vergewaltiger sind Schmusehoppler.

Die Sonne scheint durchs Kellerloch.

Ein' könn wa noch, ein' könn wa noch!

Die Grenzerfahrung Vollrausch gehörte zur Feier, zur Jugend, zum Leben. Der Sprit ist das wilde Tier, das in einem jahrelangen Initiationsritus gezähmt werden will. Die ersten Feten sind der Anfang einer leidvollen Entwicklung hin zum kontrollierten Trinken. Man kotzt und lernt. Dann kotzt man wieder und spürt, man muss noch weiter lernen. Man säuft vorsichtiger und verliert doch wieder die Kontrolle. Man experimentiert mit harten Sachen und soften Drinks. Man lernt, welche Kombinationen tödlich sind, Faustregeln sollen dabei helfen (»Bier auf Wein, das lass sein!«). Die Trinkerpersönlichkeit ist ein kybernetisches System, das sich Schritt für Schritt, über Trial and Error, an die optimale Dosis heransäuft. Am Ende der Entwicklung steht der disziplinierte Trinker, der weiß, wann Schluss ist. Wird ihm noch ein Schluck Wein angeboten, hält er lässig die Hand übers Glas.

Zicke zacke zicke zacke,
Hoi! Hoi! Hoi!

Die Grenzüberschreitungen der Jugend empfindet man später als nützliche Phase der Selbsterfahrung. So gibt man der ganzen Kotzerei rückwirkend einen tieferen Sinn. Man kennt seine Grenzen, man ist vernünftig geworden. Das war früher anders. Entwicklungsschritte waren gar nicht angedacht. Man trank einfach, der Suff war Selbstzweck, und Erwachsensein hieß nicht vernünftig sein, sondern trinkfest durch jahrzehntelanges Training. Aber unterm Tisch lag man am Ende doch. Irgendwann kam das entscheidende Glas zu viel oder, wie ich mal in England scherzte, »the pint of no return«.

Einer geht noch, einer geht noch rein,
Einer geht noch, einer geht noch rein!

Geburtstage konnten glimpflich enden, Hochzeiten und Schützenfeste niemals. Bier und Schnaps (»Kurze«) durften nicht ausgeschlagen werden, es galt eine Trinkverpflichtung. Der Duft von Autoscooter-Gummi, Zuckerwatte und süßlichem Biersiff ruft bei mir noch heute Bilder von torkelnden dicken Männern wach, die auf der Suche nach dem Portemonnaie einen Meter danebengreifen; Dickbäuche am Urinal, die sich mit dem Kopf an Kacheln abstützen und freihändig pissen – Artistik des Jammers; Männer, die nicht reden, sondern Wörter erbrechen; Männer, die kein Maß mehr kennen, die so lange weitertrinken, bis sie sich komplett im Schnaps auflösen. Beruf, Bewusstsein, Leber: alles aufgelöst in Alkohol. Das erinnert ein bisschen an die Verpuppung der Raupe. Viele wissen das nicht, aber innerhalb der Puppe spielt sich etwas Bizarres ab: Der Raupe wachsen nicht etwa Flügel, Beine usw. Nein, sie löst sich buchstäblich auf. Eine Zeit lang befindet sich in der Puppe ein geheimnisvoller Raupen-Smoothie. Und der fängt dann noch mal ganz neu an und wird ein wunderschöner Schmetterling. Beim Schützenfestsäufer war es eher andersherum. Aus einem gut aussehenden Mitbürger wurde eine schmierige Schnapsraupe mit glasigen Augen, die auf dem Boden durch die Gegend robbte. Schließlich blieb sie unbeweglich liegen. Man konnte rütteln und stupsen, so viel man wollte, nichts regte sich mehr.

Für mich empfahl sich damit der Suff als Beweis der Existenz ex negativo. Was ich mit Alkohol derart ausknipsen kann, muss vorher zumindest existiert haben: *Mojito, ergo sum.* Ich trinke, also bin ich. Ein guter Freund von mir trank nicht aus Geselligkeit, er legte sich quasi an den Alkoholtropf und ließ laufen, bis er sanft aus dem Bewusstsein glitt. Ihn dann noch ins Partygeschehen zurückholen zu wollen war komplett sinnlos; er war dann ungefähr so ansprechbar wie ein Finanzbeamter freitags um halb zwölf. Den Vollrausch empfand er als eine Art körperlosen Bewusstseinszustand, dem Nirwana vielleicht nicht unähnlich. Vergessen wir nicht, die Buddhisten sehen die absolute Glückseligkeit in einer »Weltablösung« oder einer »Auflösung des Ich in etwas Größerem«. Warum also nicht in drei Liter Baccardi?

Schnaps, das war sein letztes Wort
Dann trugen ihn die Englein fort.

Der Trinkbuddhismus beim Schützenfest hatte den Nachteil, dass auf dem Weg zu diesem Ort kosmischer Harmonie sämtliche Aggressionen ausbrachen, die sich in dem Fettleib aufgestaut hatten. Besäufnis hieß immer auch Streit, kein Schützenfest ging ohne Schlägerei über die Bühne. Zumeist polterte das Prügelpaar von der Bierbude auf die Mitte des Platzes und landete bald auf dem Boden. Eingehüllt in einer Staubwolke, verkeilten sich die grunzenden Leiber ineinander, und drum herum bildete sich eine Traube von kreischenden Frauen und Schaulustigen mit Biergläsern in den Händen, die ganz bestimmt nicht eingreifen würden. Die Polizei wurde nie gerufen. Der Wachtmeister hing womöglich selber gerade kotzend hinter der Schießbude. Was uns heute als Ausbruch schlimmster affenartiger Aggression unerträglich scheint, wurde damals einfach so durchgewunken. Gewalt gehörte zum Leben, und niemand hinterfragte das. Stattdessen macht auch hier die Sprache aus hirnlosen Schlägertypen geschickte Handwerker, die auf gute deutsche Art dreschen, vermöbeln, überbraten und versohlen. Und weil wir ein sauberes Volk sind, wird die Fresse poliert, und am Ende blüht ein Veilchen. Jesus hätten wir vermutlich auch nicht gekreuzigt, sondern bündig fixiert. Das Fest wurde nicht unterbrochen, man stellte nicht einmal die Biergläser ab. Man nahm das einfach hin wie das Wetter. Ein kurzer Wolkenbruch, dann wird weitergefeiert. Der Sieger des Faustkampfes wurde irgendwann vom Darunterliegenden abgepellt und unter Protest zurück an die Bierbude gedrückt, der blutende Verlierer mit Taschentüchern verarztet und fortgeschleift, bis sein gelalltes »Ich-brng-dch-um« in der Ferne verstummte. Aber schon Montagabend beim Kegeln wurde wieder gepichelt, und das ging immer so weiter, bis das finale Organversagen den letzten Eintrag im Suffkalender setzte. Denn fast alles kann der Trinker sich schönsaufen, nur die schlechten Leberwerte nicht.

Prost, prost, Kameraa'n, prost, prost, Kameraa'n,
Prost, prost, prost, prost, prost, prost, Kameraa'n,
Wir wollen einen heben. Prost – Prost – Proost!

Der Alkoholismus früherer Zeiten prägt noch heute das Stadtbild. Wenn Sie als Fremder in Dorf oder Stadt nach einer Kneipe suchen, schauen Sie einfach nach dem Kirchturm! Gegenüber der Kirche oder ganz in der Nähe finden Sie garantiert eine Wirtschaft. Nach der Sonntagsmesse ging der Mann zum Frühschoppen. Dort wurde dann ordentlich gesoffen. Und was hatte man am Samstagabend davor gemacht? Genau: ordentlich gesoffen. Und die Kirche konnte sich nur lächerlich machen, wenn sie ihre Schäfchen dafür rügte. Was taten denn die Mönche? Sie brauten, kelterten und destillierten, was der Klostergarten hergab. Auf süddeutschen Bieretiketten lachen uns dickbäuchige Mönche an, den Bierkrug fest in der Hand. Das Christentum ist meines Wissens auch die einzige Religion, die als Sakrament Wein in göttliches Blut verwandelt. Die katholische Kirche ist dabei übrigens äußerst pingelig und lässt nur in eng gefassten Ausnahmefällen Traubenmost zu.

Viele Eckkneipen sind längst für immer geschlossen. Früher ging die Arbeiterklasse nach der Schicht in die Kneipe und rauchte und soff. Heute geht man abends noch in die Muckibude. Nach einem harten Work-out schmeckt die Zigarette nicht, und für Saufgelage ist man zu geschafft. Das Bild vom trinkfesten Kettenraucher in der Arbeiterkneipe ist Geschichte. Ebenso Kotzbecken mit Festhaltegriff, die ich in meiner Kindheit noch auf jeder Herrentoilette fand. Wer im Alk-Business sein Geld verdient, sollte sich nach neuen Verdienstmöglichkeiten umsehen, denn die Kids von heute finden die Trinkerei immer uncooler. Im Jahr 2001 hatte jeder Fünfte der 12- bis 15-Jährigen noch keine Erfahrung am Glas. 2016 war es schon jeder Zweite.

Die katholischen Mönche sind aus dem Braugeschäft ausgestiegen und bieten Burn-out-gefährdeten Managern Lebensberatung zu unchristlichen Preisen. Und Schlägereien beim Schützenfest in meinem Dorf sind ausgeschlossen, weil – kein Witz – der Schützenverein sich mangels Nachwuchs aufgelöst hat.

Uns geht's gut, wir haben keine Sorgen
Uns geht's gut, wir machen durch bis morgen
Uns geht's gut, wir trinken abends Tee
Und wenn wir morgens früh aufstehn, Kathreiner Malzkaffee.

Kinder schlagen
(Menschenrechte auf Milchtüten)

Hier mal ein kurzer Abriss einer Kindheit in den Siebzigerjahren. Wer anderen etwas wegnahm, bekam den Hintern versohlt, Kurzform: Arsch voll. Wer heimlich rauchte, bekam den Arsch voll. Wer andere schlug: Arsch voll. Wer frech wurde, bekam die kleine Ohrfeige zwischendurch. Aber das ist lange her, und seitdem setzt es immer weniger Prügel. 1992 verteilten noch 91 Prozent der deutschen Eltern Ohrfeigen. 2002 waren es nur noch 14 Prozent. Ein gewaltiger Erdrutsch von 76 Prozent innerhalb von zehn Jahren.

Meine Kindheit war relativ milde: Schläge gab es nur mit der flachen Hand oder mit dem Kochlöffel. Den Gürtel gab es bei uns nicht, auch blieb der Hintern beim Bestrafungsritual bekleidet, was die Schläge natürlich entscheidend abmilderte. Andere Kinder hatten da nicht so viel Glück. Die Eltern damals waren noch fest davon überzeugt, das Richtige zu tun. Man liebt sein Kind und will nur sein Bestes. Aber manchmal lernen die Kleinen nur durch Schläge, leider. »Mir tut es mehr weh als dir, wenn ich dich schlage!« Es klingt wie der Gipfel von Zynismus und Grausamkeit, aber ich glaube, es war nicht gelogen. Die Menschen früher waren nicht sadistisch. Sie hatten nur die falschen Infos. Sie glaubten, dass Schmerzen Lernerfolge sichern. (Was gar nicht mal vollständig falsch ist.) Aber schön war es nicht für sie. Es fühlte sich irgendwie nicht richtig an, daher die Generalentschuldigung. Aber weil das *Prinzip Arschvoll* allgegenwärtig war, kam niemand darauf, dass man es auch lassen könnte. Die Eltern machten es vor, die Kinder machten es nach. »Ey, willsten Arsch voll ha'm?!« hörte ich schon im Sandkasten als Drohung von anderen Jungen. Man schlug, um die anderen zu informieren, wer auf dem Spielplatz das Krönchen aufhat. Erzieherische Absichten wie bei den Eltern gab es nicht. »Henning, mir tut es mehr weh als dir, wenn ich dich schlage« – das hörte man von den prügelnden Jungs auf dem Spielplatz eigentlich nie. Es ging um den Platz im Rudel.

Das *Prinzip Arschvoll* war enorm erfolgreich. Kaum einer, der es anwendet, kommt damit nicht zum Ziel. Auch mir hat das *Prinzip Arschvoll* ab und zu gute Dienste geleistet. Solange irgendwer schwächer ist als du, kannst du Konflikte einfach lösen. Zu deinen Gunsten, versteht sich. Und in jedem geschlossenen Prügelsystem gibt es nur einen, der komplett am Arsch ist, weil *alle* ihn verprügeln. Jeder andere im System profitiert irgendwann mal von dem Prinzip, wobei die Profitrate von oben nach unten abnimmt.

Nicht nur die Eltern schlugen, auch für Tanten, Onkel, Nachbarn und Fremde war das Kind ein willkommener Sandsack. Meine Mutter erzählte mir einmal, was sie ums Jahr 1950 herum erlebt hatte. In ihrem Bus saßen ein paar Jugendliche, die sich besonders laut und frech gaben. Als es dem Busschaffner zu bunt wurde, zögerte er nicht und verpasste einem der Jungen eine Ohrfeige. Ich vermute, dies war keine Straftat, denn zur selben Zeit konnten sich deutsche Lehrer in dieser Weise ganz legal an ihren Schutzbefohlenen ausleben. Mein Vater begann seine Lehrerlaufbahn 1963 an einer Volksschule, als Prügeln noch erlaubt war, natürlich auf die deutsche Art: Im Lehrerzimmer lag ein Buch bereit, in das die Lehrkräfte den Namen des Schülers, sein Vergehen und die Anzahl der Schläge einzutragen hatten. Nicht wenige Lehrer schlugen noch in den Siebzigern, obwohl dies bereits verboten war. Man muss ja nicht jeden Blödsinn mitmachen! Ich selbst fing mir noch Ende der Siebzigerjahre eine zünftige Ohrfeige vom Schulleiter der Grundschule. Konsequenzen: keine.

Zu Hause hieß es dann nicht etwa: »Was für Verbrecher!«, sondern: »Dann hast du es auch verdient.« Das muss man sich mal vorstellen: Beamte, die einen Eid geschworen haben, brechen das Gesetz, und die Bürger sagen: »Passt schon.« Man stelle sich vor, die Finanzbeamten würden spontan einen Steuerzahler am Torbogen aufknüpfen wie in *Spiel mir das Lied vom Tod*, und die Reaktion wäre: »Na ja, irgendwas wird er schon hinterzogen haben.« Kam das Kind heulend nach Hause, weil Bernd auf dem Pausenhof wieder zugeschlagen hatte, hieß es nicht: »Was für ein Verbrecher!«, sondern: »Du musst dich halt wehren!« Die meisten Menschen konnten sich eine Welt ohne Prügel einfach nicht vorstellen, denn Prügel waren immer schon da. Prügeljungen bekamen von ihren Eltern den Arsch voll, die ihrerseits von den Großeltern Prügel bezogen hatten, die Großeltern hatten von den Urgroßeltern den Hintern versohlt gekriegt und immer so weiter, bis zu Adam und Eva. Die Schläge wurden von Generation zu Generation weitergereicht wie eine leicht verderbliche Ware, bei der die Kühlkette nicht unterbrochen werden darf.

Und dann passierte das Wunder. Es ist in keinem Geschichtsbuch verzeichnet; dort stehen fast nur Schlachten aufgeführt, aber dass irgendwann, so in den Achtzigerjahren des 20. Jahrhunderts, die Europäer langsam damit aufhörten, ihre Kinder zu schlagen, wäre nicht nur eine Erwähnung wert, sondern einen Feiertag. Zumal all das ohne große Kämpfe voranging. Es gab keine Demonstrationen, Streiks oder Kriege, um die Unversehrtheit von Kindern zu erkämpfen. Es passierte einfach. Wir haben die Kühlkette unterbrochen. Es war wie in dem Witz mit den Tieren des Waldes. Der geht so:
Unter den Tieren des Waldes geht das Gerücht, der Bär hätte eine Todesliste. Der Hirsch fasst allen Mut zusammen, geht zum Bären und fragt ihn: »Stimmt es, dass du eine Todesliste hast?« Der Bär: »Ja, das stimmt.« Am nächsten Tag liegt der Hirsch tot im Wald. Dann geht der Fuchs zum Bären und fragt: »Stimmt es, dass du eine Todesliste hast?« Der Bär: »Ja, das stimmt.« Am nächsten Tag liegt der Fuchs tot im Wald. Eines Tages geht der Hase zum Bären und fragt: »Stimmt es, dass du eine Todesliste hast?« Der Bär: »Ja, das stimmt.« Der Hase: »Sag mal, könntest du mich vielleicht von der Liste streichen?« Der Bär: »Ja, klar, kein Problem.«

Genauso war es mit dem Schlagen von Kindern. Wir haben die Prügelstrafe einfach von der Liste gestrichen. Klar, kein Problem! Das alles ist nur wenige Jahre her, und seitdem wird nachweislich kaum noch auf Kinder eingedroschen. War in meiner Kindheit das *Prinzip Arschvoll* noch allgegenwärtig, bekennen sich heute nur noch vier Prozent der Eltern dazu, pädagogische Vollversager zu sein und ihre Kinder übers Knie zu legen.

Vielleicht braucht es noch ein paar Jahrzehnte, bis wir Menschen begreifen, welches Wunder wir da vollbracht haben. Und dann muss es Feiertage regnen! In jedem Land der Erde feiern Menschen vollkommen alberne Gemetzel, stellen sich vor verwitterte Monumente und singen altbackene Lieder über Treu' und Vaterland. Sie drücken sich die Hand an die Brust und fühlen sich als Teil einer ganz großen Sache, die total wichtig und erhaben ist. Aber wo sind die Gänsehautfeste dafür, dass wir die Todesstrafe abgeschafft haben? Wo steht das Monument dafür, dass wir unsere Kinder nicht mehr schlagen?

Das erste europäische Land, das das Schlagen von Kindern verboten hat, war Schweden. 1979 wurde das Gesetz verabschiedet. Astrid Lindgren war eine der Aktivistinnen für eine Abkehr von der Unterwerfungspädagogik. Damit alle Menschen so schnell wie möglich davon erfuhren, besonders die Kinder, stellte man ihnen die frohe Botschaft auf den Frühstückstisch. Sie wurde auf Milchtüten gedruckt, sodass jedes Kind, das schon lesen konnte, bald Bescheid wusste. Und wenn die Eltern trotzdem schlugen, konnte man immer noch die Milchtüte nach ihnen werfen. Erst im Jahr 2000 wurde auch bei uns die Körperstrafe verboten. Unter Schröder war nicht alles schlecht! Spät zwar, aber für all jene, die gerne prügeln, dürfte das eine schallende Ohrfeige gewesen sein. Oder ein Schlag ins Genick, ein Tritt in den Arsch.

Bei meinen Recherchen entdeckte ich aber eine erschreckende Bastion von Sturköpfen mitten unter uns. Die auffälligste Gruppe der Kinderschläger von heute sind Menschen, die sich selbst als »Christen« bezeichnen. Sie sind in freikirchlichen Gemeinden organisiert, wo sie von Jesus und seiner allumfänglichen Liebe hören. »Wenn dich jemand auf die rechte Wange schlägt, dann halte ihm auch die linke hin«: Dieses Friedensrezept ist ihnen so wichtig, dass sie es ihren Kindern regelrecht einprügeln, Wange-Hinhalten will gelernt sein. Dann singen sie noch ein Lied von Jesus und seiner Liebe, bevor es Kaffee und selbst gebackenen Kuchen gibt. Sie finden das vollkommen in Ordnung. Christliche Fundamentalisten meinen, körperliche Züchtigung sei – ich zitiere – »eine liebevolle, von Gott gewollte Disziplinierung«. Ein englischer Prügelchrist zog sogar vor Gericht, weil er fand, das Verbot der Körperstrafe verletze sein Recht auf freie Religionsausübung. Da kann man den Kindern nur viel Glück wünschen. Was soll man da noch auf die Milchtüten drucken? Den Polizeinotruf vielleicht.

Partywissen: Ohrfeige

Unsere Vorfahren schrieben der Ohrfeige eine gedächtnisfördernde Wirkung zu. Laut Wikipedia wurde im späten Mittelalter bei Besitzübergaben und Grenzumgängen Knaben, die als Zeugen mitgebracht wurden, an Grenzsteinen eine Ohrfeige verpasst, damit sie sich die Lage merkten. Das hat in der Sprache seine Spur hinterlassen: in der Redewendung, sich etwas hinter die Ohren zu schreiben. Ich habe mir jahrelang selber eine geklatscht, um mir zu merken, wo ich mein Auto geparkt hatte. Sah komisch aus, war aber effektiv. Viele Passanten lachten mich aus, daran erinnere ich mich – logisch – noch sehr gut. Aber wenn die Spötter dann nachts auf dem Stadthallenparkplatz verzweifelt nach ihrem Auto suchten, war ich es, der lachte, lässig an mein Auto gelehnt. Eine Frau hörte ich sogar jammern: »Ich könnt' mich selber ohrfeigen!« Genau. Hätte sie mal früher tun sollen!

Seit ein paar Jahren lasse ich mein Handy die Parkposition speichern und bin seither im Gesicht wieder etwas blasser. Der Knüller ist aber, dass unsere Vorväter gar nicht mal falschlagen. Relativ belanglose Informationen bleiben besser im Gedächtnis haften, wenn sie an eine negative Empfindung gekoppelt sind, fand Elizabeth Phelps von der Universität New York heraus. Statt der Schelle am Ohr gab's bei ihr Stromstöße, und die armen Probanden konnten sich tatsächlich an mehr erinnern. Eine elektrisierende Erkenntnis, wie ich finde. Es bleibt abzuwarten, ob diese Technik Einzug in deutsche Schulen findet. »Elektronische Medien« könnten schon bald äußerst unbeliebt bei den Kids werden, und den Streber erkennt man am leichten Zittern. Die anderen bleiben, was sie immer schon waren: keine große Leuchte in der Schule.

Toleranz

Ich würde gerne mal meinen Opa reanimieren und ihm erzählen, dass jetzt eine Frau Kanzlerin ist, ein Berliner Bürgermeister schwul und ein Bundesgesundheitsminister Asiate war, viele Spitzenpolitiker türkische Wurzeln haben, dass die »Tagesthemen« von einem Halbitaliener moderiert werden und dass die deutschen Fußballer mit einem gebürtigen Türken, einem Polen und einem Afrikaner Weltmeister geworden sind. Dann doch lieber tot! Was, Opa?

Das Fremde stört uns nur noch selten. Sogar wenn wir abends aus dem Nachbarhaus Röcheln und Peitschenknallen hören, grinsen wir amüsiert, die Polizei oder den Exorzisten rufen wir nicht. In Dänemark wurde sogar mal über Sex mit Tieren debattiert. Man muss das nicht alles gut finden, aber solange rationale Debatten geführt werden, kann man über alles erst einmal reden.

»Sie knattern ein Schaf? Sind Sie noch zu retten?«
»Na und? Sie essen es!«

Erschreckend, aber manchmal haben sogar Zoophile ein gutes Argument. Es wird mich niemals dazu bringen, irgendwelche Praktiken in dieser Richtung zu billigen, aber ich denke nun genauer darüber nach, was es bedeutet, Tiere zu schlachten und zu essen. Und es lohnt sich, jegliches Tabu infrage zu stellen. Unglaublich eigentlich, dass jahrtausendelang Menschen anderen Menschen vorgeschrieben haben, was sie essen, trinken, sagen oder vögeln dürfen und was nicht. Ich sage: Toleranz ist Avantgarde. Das Andere zu ertragen (lat. tolerare), auch wenn man es nicht mag, Vielfalt wertzuschätzen, ist der entscheidende Schritt zur nächsten Entwicklungsstufe des Menschen. Genauso wichtig wie Computer, Atomkraft und die Erfindung des *Dyson Airblade!* Toleranz ist eines der Triebwerke von Raumschiff Menschheit. Denn um es klar zu sagen: Mit intoleranten Arschlöchern kann man keine fernen Planeten besiedeln. Die ersten Multikulti-Demonstranten der Geschichte wurden vom Rest der Welt bloß belächelt, genau wie die Nerds der ersten Stunde, die aus Computerzeitschriften seitenlange Programmiercodes abtippten. Aber beide haben uns das Rüstzeug gegeben, das uns für die Begegnung mit ganz und gar fremdartigen Wesen vorbereitet. Die Dresden Hools haben es eher nicht.

Ein britischer Freund berichtete mir von absurden Auswüchsen der Intoleranz. In den Achtzigerjahren wurde er eines Tages von Dexys-Midnight-Runners-Fans verprügelt; sie hatten ihn anhand des Outfits mit dem Blazer und der schmalen Krawatte als Style-Council-Fan identifiziert und nicht lange gefackelt. Was war denn da los? Paul Wellers Style Council gegen Dexys Midnight Runners? Den Unterschied zwischen beiden hätte meine Opa gar nicht gehört. Wo war denn der Konflikt? Jemand, der Cheeseburger liebt, verprügelt ja auch keine Menschen, die einen Big Mac bestellen. Er isst einfach seinen Cheeseburger. Ich wage sogar zu behaupten, dass die meisten Leute erst einen Big Mac und dann einen Cheeseburger essen können. Leute zu verprügeln, weil sie auf etwas andere Musik stehen, ist vollkommen irrational. Aber genau das macht Intoleranz aus: Sie bricht sich überall Bahn, sie nimmt auch noch den kleinsten Unterschied als Anlass für Raufereien. »Liegt der Popper tot im Keller, war der Punker wieder schneller«, hieß es in den Achtzigern. »Musst du mal scheißen und hast kein Papier, dann nimm doch den Wimpel von Schalke 04!«, hörte ich mal eine Schnapsleiche in Bochum lallen. Will man mit solchen Leuten durchs Weltall fliegen und fremden Zivilisationen begegnen? Gene Roddenberry, der Erfinder von *Star Trek*, votierte deutlich für Nein. Er präsentierte uns eine multiethnische Besatzung mit einwandfreiem Benehmen, sogar die Inklusion von Androiden ist bei ihm eine Selbstverständlichkeit. Kirk und Picard handeln stets nach der Devise »Reden, Schießen, Weiterfliegen«. Aber Reden steht immer an erster Stelle. Gene Roddenberry hatte erkannt, dass technischer Fortschritt nur zusammen mit menschlichem Fortschritt denkbar ist. Wir wissen zwar nicht, wer da draußen im All auf uns wartet, aber Pöbelei kommt bestimmt nicht gut an. Sprüche wie »Zieht den Borg die Aluhosen aus!« sollten wir uns klemmen. Außerdem sind wir eine Spezies, deren Gehirne zu 60 Prozent aus Wasser bestehen, es gibt also keinen Grund für Überheblichkeit. Vielleicht sind wir längst die Lachnummer der Galaxis. Wer weiß, wie viele uns schon aus der Tiefe des Alls beobachten und dabei billige Selterswitze machen.

»Wollen wir mal Kontakt zu diesen Erdlingen aufnehmen?«

»Wieso? Sprichst du etwa auch mit deinem Mineralwasser? Muhaha ...«

Wenn die Aliens dann sehen, wie wir unseren eigenen Planeten heruntergewirtschaftet haben, wird es sogar richtig peinlich. Sollten tatsächlich mal Außerirdische auf der Erde landen, wäre das so, wie wenn überraschend Besuch kommt, und man hat überhaupt nicht aufgeräumt. Schrecklich!

Aber so schlimm sind wir dann auch wieder nicht, im Gegenteil. »Jeder nach seiner Fasson, kein Mensch ist illegal, leben und leben lassen, jeder Jeck ist anders, mir doch egal«, das sind die Prinzipien, die junge Menschen und nicht so junge Menschen heute ganz selbstverständlich leben. Abweichungen von der Norm finden wir erst einmal interessant und bereichernd und nicht per se problematisch. Natürlich, die Abweichung sollte etwas Liebenswertes an sich haben. Conchita Wurst hat fast eine Million Fans auf Facebook, weil er/sie nicht nur geschlechtliche Verwirrung auslöst, sondern auch hübsch, begabt, rational und eloquent ist; Bernd Höcke von der ziemlich rechten AfD hingegen wird in seiner Mischung aus politischem Mundgeruch und offensichtlicher Irrationalität als charakterlich fremdartig wahrgenommen, konnte aber seine Andersartigkeit bisher nicht gewinnbringend vermarkten und erzielt auf Facebook gerade mal ein Elftel der Likes, die Conchita auf sich vereint. Sehr abseitig war die vertüderte Reichstagsrhetorik, mit der er mahnte, Deutschland brauche dringend eine »180-Grad-Wende in der Erinnerungskultur«. Bisher war die Formel deutscher Erinnerungskultur: Goethe gut, Holocaust scheiße. Um 180 Grad gewendet, hieße es also: Goethe scheiße, Holocaust gut. Der Knaller wäre dann ein Höcke-Statement in Yad Vashem, etwa: »Was wollen Sie eigentlich, Sie Juden? Seit dem Dritten Reich hat sich Deutschland um 360 Grad gewendet«, und die Israelis sagen dann: »Vergessen Sie's, Herr Höcke, wir drehen uns im Kreis!«

Ballerspiele

Ein Journalist der »Welt« schrieb über das Remake von Resident Evil 2 für neue Konsolen und PC: »In der neuen Version sind die Einschusslöcher in den Zombies zu sehen, wer mit dem Messer angreift, hinterlässt ebenfalls Spuren. Im Gegensatz zu früher halten die Biester heute aber viel mehr aus. Selbst mehrere Schüsse in den Kopf sorgen nicht für Ruhe.« Wenn Zocker beim Ballern derart zur Sache gehen, ist doch klar, dass irgendwann die letzte Hemmschwelle wegbricht, und Massaker sind vorprogrammiert. Aber wie so viele Ängste ist auch diese unbegründet: Nach über 30 Jahren haben die Ballerspiele nicht einen sadistischen Serienmörder von Weltrang hervorgebracht.

Ich sitze in der überfüllten Bahn und lausche Chopins zweitem Klavierkonzert über Kopfhörer. Der blasse Junge neben mir startet ein Spiel auf seinem Handy – *Mortal Kombat X* –, und ich linse auf sein Display. Was ich sehe, schnürt mir die Kehle zu: ausgerissene Kiefer, Blut, das aus Köpfen spritzt, durchtrennte Hälse und Augäpfel, die aus Schädelhöhlen baumeln. Plötzlich blickt der *Mortal-Kombat*-Athlet auf und stupst mich vorwurfsvoll an. Gleich reißt er mir wohl auch noch den Kiefer ab, denke ich, aber dann zeigt sein Gamer-Finger an mir vorbei auf eine Omi, die neben mir steht. Er bedeutet mir, der Seniorin meinen Platz anzubieten. Sie hatte mich schon angesprochen, aber ich hatte sie nicht bemerkt, wegen meiner Musik. Fazit: Manchmal ist Chopin asozialer als *Mortal Kombat X*.

Machen Computerspiele aggressiv? Antwort: Ja, jedenfalls die Menschen, die darüber streiten. Die einen sagen, wer viel am Bildschirm ballert, schießt auch irgendwann im echten Leben. Die anderen sagen, hier greift der Katharsiseffekt: Man lässt am PC die Sau raus, und danach hat man das aus dem Kopp und ist wieder ganz Gentleman. Laborversuche haben gezeigt: Schießen an der Pixelfront macht dem Menschen tatsächlich Freude. Neurowissenschaftler staunten nicht schlecht, als sie ihren Probanden beim Ego-Shooten ins Gehirn guckten: Das Belohnungszentrum im Gehirn glitzerte wie ein Flipper beim Weltrekord. So viel Arschloch steckt in uns? Und da Testosteron bei diesem Prozess eine Booster-Funktion hat, verwandeln die Ballerspiele besonders das männliche Gehirn in Las Vegas bei Nacht. Nicht schön, aber trotzdem kein Grund zur Panikmache. Ob nun der Katharsiseffekt wirklich greift, kann ich nicht sagen, aber eines ist sicher: Jeden Tag geben sich Millionen Menschen dem virtuellen Blutrausch hin, gemessen daran, ist die Welt doch sehr friedlich. Die häufigsten Auslöser für Gewalt sind Konflikte mit anderen Menschen, Computerzocker treffen aber keine anderen Menschen, außer den Pizzaboten. Ich habe einfach mal nachgefragt bei Pizzabringdiensten, und alle sagen dasselbe: »Ich klingele und bringe die Pizza. Geschossen hat noch keiner.« Bei Experimenten wurden nach dem Ballerspielkonsum zwar tatsächlich erhöhte Aggression und mangelndes Mitgefühl nachgewiesen, aber außerhalb des Labors gibt es so wenig Belege für die Nachahmungstheorie, dass ihre Anhänger aus Enttäuschung irgendwann durchdrehen und Amok laufen könnten. Wir sollten sie im Auge behalten. Richtig ist allerdings, dass bei zu viel Medienkonsum die schulischen Leistungen drastisch nachlassen können. Faustregel für Eltern: Bei *Battlefield* die meisten Toten – in der Schule schlechte Noten.

Die Theorie »Mensch rezipiert Gewalt und will dann auch Gewalt« halte ich für das schwächste Argument der Kritiker von Pop und Massenmedien. Keiner konnte sie besser entkräften als der Rockstar und Avantgardekomponist Frank Zappa, der aufgrund seiner deftigen satirischen Texte in den Achtzigerjahren mit einem nervigen Tross verwelkter US-Senatorengattinnen zu kämpfen hatte (allen voran

Tipper Gore, die Frau von Umwelt-Al). Diese hatten sich aus Langeweile darauf eingeschossen, Popmusik wegen ihrer vermeintlich gefährlichen Texte zu zensieren oder wenigstens zu kennzeichnen. Das haben sie schlussendlich auch geschafft. Tonträger, auf denen offen über Sexualität oder Gewalt gesungen wird, müssen mit dem »Parental Advisory«-Sticker gekennzeichnet werden, quasi dem Vorläufer der Schockbilder auf Zigarettenschachteln. Aber ihre Grundannahme ist völliger Mumpitz. Das konnte Zappa mit einem simplen Argument aufzeigen. Bei CNNs »Larry King Live« sagte er: »Wenn Songtexte die Art negative Wirkung haben, wie es einige Leute behaupten, dann nehmen Sie mal dieses Beispiel: Die meisten Songs, die im Radio gespielt werden, handeln von Liebe. 99 Prozent handeln von Liebe. Und alles, was wir im Radio hören, ist ›Liebe‹. Also, wenn die Songtexte unsere Gesellschaft beeinflussen könnten, was hätten wir hier? Disneyland! Haben wir aber nicht.«

Aber es stimmt schon, der Computer schafft neue Probleme. Unsere Kinder werden immer fetter, kommen nicht mehr raus und konsumieren kranken Scheiß. Anfang des 20. Jahrhunderts war alles noch ganz anders. Da lebten die meisten Kinder auf dem Land, sie hatten kein Fernsehen und viel Bewegung. Sie spielten den ganzen Tag im Freien und kletterten auf Bäume, daheim im Kinderzimmer lasen sie Bücher und Zeitschriften. Sie spielten kein einziges Ballerspiel, sahen keinen einzigen Splatter-Film, statt Gangster-Rap hörten sie Lieder von Freundschaft und Treue, die Eltern waren nicht geschieden. Sie hatten Respekt vor dem Alter, und statt eines Handys hatten sie Freunde, mit denen sie Fußball spielten. Und als sie groß waren, brachten sie sechs Millionen Juden um. Tja. Nicht auszudenken, was passiert wäre, wenn die auch noch Computer gezockt hätten.

Frische Luft und Gruppenfreizeit sind also kein Garant dafür, dass Ihr Kind später nicht in Polen einmarschiert, eher im Gegenteil. Also lassen Sie es lieber die Nächte am PC durchzocken! Wer schon ganze Galaxien einkassiert hat, kann über Hitlers Eroberungspläne nur müde lächeln. Der Spielenerd läuft Führern nicht bedingungslos hinterher, das ist ihm wahrscheinlich auch zu anstrengend mit 100 Kilo Lebendgewicht. Er ist nicht fit und faschistisch, eher fett und phlegmatisch.

Die Gewalt in Deutschland, speziell unter Jugendlichen, ist seit zehn Jahren stark rückläufig. Gleichzeitig ist die Computerspielbranche in den letzten zehn Jahren explodiert. Und wer sind die Kunden? Genau, Jugendliche. Ich glaube ehrlich, Zocken macht die Menschen nicht brutaler, sondern liberaler – schon allein, weil Pizzaboten meist Migranten sind. Wenn Sie wirklich meinen, Ballerspiele machen aggressiv und man müsste sie verbieten, dann setzen Sie sich mal in eine Regionalbahn zwischen keifende Fußballfans! Sie werden sich wünschen, die Affen wären zu Hause geblieben und hätten am Computer gezockt. Wäre ich an der Macht, ich würde nicht *Zombie-Warrior-Elite-Sniper 3 für Playstation* verbieten, sondern Hansa Rostock.

Aber da alles immer besser wird, gehe ich davon aus, dass in wenigen Jahren auch die Fußballwelt sich zum Besseren gewendet haben wird. Vielleicht steigen schon bald die schwul-lesbischen Sportvereine Streetboys Stuttgart oder Vorspiel Berlin in die Bundesliga auf. Bei der WM 2030 winken vielleicht schon Spielermänner ihren Schätzchen von der Tribüne, die Commerzbank-Arena heißt dann längst Rosa-von-Praunheim-Stadion, und die Gay Ultras werfen Püschel statt Bengalos. Alles wird besser.

Senioren

Unser Rentensystem hat einen großen Haken: die Rentner. Die Silver Surfer wollen einfach nicht sterben – ums Verrecken nicht. So war das nicht gedacht, denn als man das Umlageprinzip Rente erfand, hatte man den frühen Tod als Kostenbremse im Hinterkopf. Nach ihrem letzten Arbeitstag liegen uns die Männer noch zehn Jahre auf der Tasche und dann unter der Erde – so die Kalkulation. Aber dann ging alles furchtbar schief, die Rentner wurden fitter und fitter, und die Jungen konnten gar nicht so viel verdienen, wie die Alten verprassten. Was tun? Zurzeit will man die Menschen noch länger unters Joch der Arbeit zwingen. Tatsache bleibt, das Rentnerdasein ist ganz anders als früher: besser.

Opas waren im Krieg und gehen am Stock. Das war das Opabild meiner Kindheit. Omas trugen Kittel und Kopftuch, und die Opas zogen mit dem Krückstock in der Faust ihre schlurfenden Füße über den Asphalt. Opa sein hieß leiden, der Stock war kein Gentleman-Accessoire, sondern schlicht notwendig, damit Opa nicht umfiel. Wenn er doch umfiel – meist besoffen –, erzählte er vom Krieg, der am Anfang einer Kette von Demütigungen und Entbehrungen stand, die Opa schlussendlich als das hinnahm, was er sein Leben nannte. Verlust von Hab und Gut, Verlust der Heimat, Verlust von Gliedmaßen: An allem war der Krieg schuld, bei den ganz alten Opas sogar zwei Kriege. Einige hatten ein »steifes Bein«, andere ein Holzbein. Das Holzbein unterschied sich vom »steifen Bein« dadurch, dass über dem Knöchel ein viel zu dünner Beinfortsatz die Fälschung verriet. Bei vielen fehlte das Kniegelenk. Diese Versehrten staksten seltsam schwungvoll durch die Gegend, die Beinschere grotesk weit geöffnet, wie lebendig gewordene Wilhelm-Busch-Zeichnungen. Anderen fehlten gleich beide Beine. Sie fuhren ihre Stümpfe mit den ersten Elektrorollstühlen spazieren. Dabei saßen sie auf gigantischen Akkus und steuerten mit einer klobigen Vorform des Joysticks durch das Dorf wie durch ein Pac-Man-Labyrinth. Dabei grüßten sie schwungvoll vorbeihuschende Holzbeinträger. Total bizarr! Am Wochenende zog es die Armee der Überlebenden ins Grüne zu Kaffee und Kuchen. Wuchtige Waldgaststätten im Harz mit riesigen Parkplätzen boten ein beängstigendes Schauspiel, wenn aus den Reisebussen Hunderte Holzbeine staksten, Prothesenhände in schwarzen Handschuhen auf Bierbäuchen ruhten und Armstümpfe unter abgeklammerten Hemdsärmeln ins Nichts ragten. Wenn sich dann unter das Tannenrauschen noch das Sirren der Rollstuhlmotoren mischte, war das Kameradschaftsgefühl der Wehrmacht mit Händen zu greifen – wäre gewesen, wenn man noch Hände gehabt hatte.

Schließlich gab es noch jene, die das Augenlicht fürs Vaterland hergegeben hatten. Solche Männer nannten sich »Kriegsblinde« und verbrachten die Zeit seit 1945 mit dem Verleihen von Hörspielpreisen. Der »Hörspielpreis der Kriegsblinden«, das klingt folgerichtig: Krieg, Blindheit, Hörspiele hören – viele Hörspiele. So reift man über die Jahre zum ultimativen Hörspielexperten. Wer, wenn nicht die Blinden, kann beurteilen, was gute Klangkunst ist? Sie sind das auditive Verfassungsgericht. (Sicher gibt es auch den Pantomimepreis der Kriegstauben. Peinlich nur, wenn dann die Jury ihr Plazet wesentlich eleganter in Gebärdensprache fasst, als der Preisträger selbst es könnte.) Den Hörspielpreis der Kriegsblinden gibt es heute immer noch, über 70 Jahre nach Kriegsende. Mittlerweile müsste aber die Jury aufgrund ihres Alters auch mit dem Hören größte Probleme haben. Damit verspielt der Preis langsam, aber sicher sein Renommee. Schade.

Zurück zum Stock. Er prägte die rentnerliche Gesamterscheinung. Der Krückstock gab Opa neben dem Gleichgewicht auch eine unnachahmliche Autorität. Mit dem Trommeln des Stocks auf dem

Boden konnte er seinen Worten Nachdruck verleihen. Die Bassdrum des Krieges duldet keine Widerworte. Wenn sich die Metallspitze des Stocks in den Kinderrücken bohrte, war der Nachdruck physisch zu spüren und Frechheiten riskant. Schließlich hatten manche Modelle speerähnliche Spitzen. Freche Kinderbanden endeten oft als Schaschlik an Opas Stock.

Die Lebenseinstellung dieser Kriegsopas war mir nicht klar, vielleicht gab es auch gar keine. »Lebenseinstellung? So was brauchten wir damals nicht; 'ne warme Jacke und ein Stück Brot brauchten wir.« Und recht hatte Opa, die »Lebenseinstellung« erreichte die Deutschen erst nach 1945, zusammen mit Kreditkarten und Rock 'n' Roll. Die Idee der »Lebenseinstellung« kündet vom Menschen, der handelt, gestaltet, agiert; Opa konnte immer nur reagieren. Er machte nicht, mit ihm wurde gemacht. So entwickelte er statt einer Lebenseinstellung eine Art Dauergrummeln, eine Attitüde, die das Leben nicht verneint, aber auch nicht gerade feiert. Lebensfreude jenseits von Schlachteessen und Sonntagsspaziergang ließ sich daraus nicht ablesen. Familienfeste wurden mit Messer und Gabel abgearbeitet, danach wurde mit Schnaps durchgespült. Aber selbst der Suff war kein fröhlicher, die Laune gefährlich instabil. Betrunkene Kriegsopas griffen schnell zum Stock und knüppelten auf Kinder ein. So gaben sie ihre Gebrechen an die übernächste Generation weiter, wir wurden quasi Versehrte zweiten Grades.

Opas hatten auch keine Hobbys, sie hatten zu tun. Sie »murchelten rum«, wie man bei uns sagte. Rummurcheln heißt, beschäftigt sein, aber nur mit zweitrangigem Krimskrams. Arbeit, die getan werden muss – oder auch nicht. Zeugs von hier nach da räumen, Unkraut zupfen, eine Harke reparieren, Hauptsache, man tut was. Besonders der Garten bot sich an. Dabei ging es nicht darum, sich ein schönes Plätzchen zu schaffen. Ein Tummelplatz zum Grillen und Softball spielen, das war den Menschen suspekt, das war ja reines Vergnügen. Man saß nicht im Garten und freute sich an der Natur. Die Gärten bei uns im Dorf waren hässliche Zweckparzellen zur landwirtschaftlichen Produktion, wo man sich hundertmal nach Unkraut bücken musste, um eine Mohrrübe zu ernten. So machte man sich die bereits abgewirtschafteten Rücken und Hüften vollends kaputt. Bio ist halt nur gesund, wenn man andere für sich buckeln lässt. Opas und Omas mussten aber selber ran. Deswegen gingen alle Rentner krumm, manche so krumm, dass sie sich gar nicht mehr bücken mussten – sehr praktisch bei der Gartenarbeit. Jahr für Jahr ging man etwas krummer und rückte der Erde ein Stückchen näher, bis Kopf und Hände schließlich ganz mit dem Beet verwachsen waren. Natürlich ist das übertrieben, aber ein schönes Bild für ein Leben, das nur einen unumstößlichen Wert kannte: die Arbeit. Nicht Liebe, Frieden, Bildung oder Fußball – die Arbeit war's, um die sich alles drehte, und zwar bis ins hohe Alter. Schließlich holte einen der Tod, um die Radieschen von unten anzusehen. Fortan mussten sich die Angehörigen auf dem Friedhof bücken, Unkraut zupfen und Blumen pflanzen (komischerweise nie Radieschen). Beim Entrümpeln dann fanden die Nachkommen Opas Erspartes unterm Bett. Sechsstellige Beträge, über Jahrzehnte von der kargen Rente abgezwackt, vor Räubern und Banken dort versteckt, als Reserve für schlechtere Zeiten – die niemals kamen. Denn es wurde ja alles immer besser. All die sinnlosen Entbehrungen, die selbst auferlegte Armut, nichts hat sich bezahlt gemacht. Die Sparstrümpfe wurden von den Erben geschlachtet und finanzierten Carport, Opel Astra und eine Terrasse mit Hollywoodschaukel – Symbole der besseren Zeiten. Opas Gehstock landete auf dem Müll.

Heute zeigt sich an der Seniorenfront ein gänzlich anderes Bild. Laut einer Studie von 2017 schätzt die Hälfte der über 80-Jährigen ihr Leben als gut ein, auch wenn jeder von ihnen durchschnittlich drei Krankheiten mit sich herumschleppt. Opa und Oma fühlen sich einfach wohl, Zipperlein hin oder her. Der Opa 2020 marschiert freihändig ohne Stock durchs Rentendasein. Lässig besteigt er den Bus zur Studienreise nach Portugal, löst mit Lesebrille anspruchsvolle Sudokus und flirtet bei der Wassergymnastik mit der schicken Kursleiterin. Ein mittlerer Schlaganfall wirft ihn ein halbes Jahr zurück, dann ist er wieder auf Trab! Ob Fernseher, Tablet oder Telefon: Opa hört alles in bester Klangqualität, denn sein Hörgerät hat Bluetooth. Die altbackene Gehhilfe ist aus dem Straßenbild verschwunden. Enorme Fortschritte bei Knie- und Hüft-OPs, aber auch die kriegsvermeidende Diplomatie der Bundesrepublik schaffen eine stetig wachsende Seniorengesellschaft, traumafrei und mit vollständigen Gliedmaßen. Wer heute aus Altersgründen schlecht laufen kann, geht nicht am Stock, sondern am Rollator. Der stabilisiert den Gang besser als ein Stock und bietet Platz für Einkäufe, Handy und Senioren-Tablet. Modelle wie der »Gebirgsrollator« für den Alpenurlaub sind sicher schon in der Testphase. Moderne E-Bikes motivieren auch geschwächte Senioren, sich weiterhin zu bewegen, so gut es geht. Für den Opa von heute ist die Reise erst zu Ende, wenn sie zu Ende ist. Dahinsiechen war gestern, Senioren sind Freizeitprofis.

Mit meinem Bild vom Opa hat das nichts mehr zu tun. Das Leben meines Opas hatte in krisenhafter Zeit begonnen, und bevor es richtig gut werden konnte, kam der Krieg und teilte Deutschland in zwei Hälften. Und so manchen Opa auch.

Handys

Wir schreiben das Jahr 2019: Ich packe meinen Koffer, und ich nehme mit ... ein Telefon, ein Adressbuch, einen Terminkalender, einen Schminkspiegel, eine Kamera, eine Taschenlampe, ein Notizbuch, einen Taschenrechner, ein Radio, einen Fernseher, einen Autoatlas, alle meine Fotoalben, meine Plattensammlung, ein paar Spielfilme, allerlei Bücher, Dutzende von Tickets, einen Walkman, eine Wasserwaage, eine Schreibmaschine, alle Briefe der letzten zehn Jahre, alle Lexika, verschiedene Zeitungen, einen Wecker – und dann stopfe ich das alles in meine Hosentasche wie eine Tafel Schokolade.

Für den letzten Satz wäre ich vor 15 Jahren noch medikamentös behandelt worden, heute versteht jeder, was ich meine. All das steckt in meinem Handy, plus jene Anwendungen, die keine Entsprechung mehr in der »wirklichen Welt« haben. Ich finde, da kann man ruhig mal von einem Wunder sprechen. Ein Teenager mit einem alten Galaxy A3 könnte locker gegen Jesus antreten und gewinnen. Jesus ging übers Wasser, aber es brauchte Jahrhunderte, bis eine relevante Menge an Menschen davon erfuhr. Die Evangelien erschienen zuerst noch im Eigenverlag, und der Heiland brauchte ewig, um seine Follower an sich zu binden. Sein größter Auftritt war sehr wahrscheinlich die Bergpredigt vor vielleicht 2.000 Zuschauern. Eine Bekannte erzählte mir neulich, ihr Großer lade auf Instagram lustige Videos hoch und habe mittlerweile um die 5.000 Likes pro Clip. Der Sohn meiner Bekannten hat also mehr Reichweite als der Sohn Gottes. Und statt Kreuzen stehen heute wohl drei Handymasten auf Golgatha.

Handys verändern das Antlitz unserer Städte. Ihr erstes Opfer wurde die Telefonzelle. Die hieß offiziell »Telefonhäuschen« (TelH) oder auch »Fernsprechkiosk«, so steht es im Handwörterbuch des elektrischen Fernmeldewesens. Das unten offene Schwestermodell für Rollstuhlfahrer taufte die Bundespost »Telefonhaube TelHb82«. Telefonzellen waren immer ein kleines Abenteuer. Ohne passendes Münzgeld ging schon mal gar nichts. Und das klackerte meist durch den kompletten Apparat und kam unten wieder raus. Also pulte man die Münzen aus dem Fach und experimentierte mit der Einwurftechnik: mal mehr, mal weniger Druck auf die Münze und dann hoffen, dass sie sauber einrastet. Oft blieb die Münze einfach stecken. Man boxte und hämmerte gegen das Gerät und wusste doch, das bringt nichts. Gerne hätte ich jemandem mein Leid geklagt, aber dazu hätte ich ja anrufen müssen. Münztelefone waren wie Zigaretten-, Getränke- oder Kaugummiautomaten, sie schluckten Münzen, und man konnte nichts dagegen tun. Ein Großteil meines kargen Taschengeldes verschwand in Telefonzellen und Automaten, die alle – da bin ich mir sicher – von Verbrechern entsprechend manipuliert worden waren. Noch heute stehen in den Städten Kaugummiautomaten, deren Inhalt seit den Achtzigerjahren nicht nachgefüllt wurde. Wozu auch? Kinder glücklich zu machen, war nie der Plan! Jeden Tag verschlucken diese hässlichen Automaten die Münzen und Träume von Kindern, das Geld ist weg, aber das Ausgabefach bleibt leer. Einmal die Woche fährt ein alter Kombi vor, und ein dicker Mann schüttet die ergaunerten Geldstücke in seinen Kofferraum.

Zurück in meine Jugend: Da stand ich also in der feuchten Telefonzelle, wo es nach kaltem Rauch und Urin stank und wo die meisten Seiten der eingehängten Telefonbücher herausgerissen waren.

Bei Ferngesprächen musste man bangen, dass das Geld reicht. Wenn der letzte Groschen eingerastet war, musste man schnell zum Ende kommen. Hatte man ausreichend Geld, dann konnte man sich darauf verlassen, dass draußen jemand an die Scheibe pochte und einem wild fuchtelnd klarmachte, dass es bei ihm um Leben und Tod ging. Das machte einfach keinen Spaß. Schlimmer war nur, wenn man selber draußen stand, an die Scheiben pochte und dem Gegenüber wild fuchtelnd klarzumachen versuchte, dass es gerade um Leben und Tod ging. Die Dauer-WhatsAppende-Jugend von heute macht sich gar keine Vorstellung davon, was man für ein simples »Ich komme etwas später!« alles auf sich nehmen musste. Und noch früher, zu Goethes Zeiten, überbrachten Postkutschen die Botschaften oder ein Reiter, der war drei Tage unterwegs bis nach Prag. Deshalb formulierte man damals üppiger:

»Mein inniglich Geliebter, ich zähle die Tränen nicht mehr, die seit unserm Abschied meine Lippen benetzten! Bin ich auch duldsam, so habe ich doch der Tränen so viele – das liebe Tantchen tröstet mich aufopferungsvoll und trocknet meine blassen Wangen. Oh, zähle ich die Tage, so wird mir ganz bang ums Herze – wisset, daß mein Herz nur dem Euren gehorcht.« Und so weiter.

Heute steht da: »Vermiss dich. Bussi, dein Schnucki«. Dafür schickt man keinen Reiter drei Tage lang bis nach Prag. Für die Menschen von damals wären wir Götter mit Knopf im Ohr, die in Echtzeit mit dem anderen Ende der Welt sprechen. Oder mit Mutti in der Küche, das macht ja keinen Unterschied. Oder mit Siri, die es gar nicht gibt. Aber sie macht uns zu Königen (»Siri, ich möchte eine Ballonfahrt machen«) oder zu Ärzten (»Siri, ich hab Husten, gibt's da was von Ratiopharm?«) oder zu Derrick (»Siri, fahr schon mal den Wagen vor!«).

Statt sich nun täglich über das Wunder in unserer Hosentasche zu freuen, diskutieren wir die Gefahren der Handynutzung, und das ist ja auch nicht verkehrt: Kontaktarmut, Verblödung, Narzissmus, Spielsucht und natürlich die Ablenkung im Straßenverkehr sind mögliche Nebenwirkungen der neuen Technik. Seit 2014 steigt die Zahl der Verkehrstoten in Deutschland wieder leicht an. Vermutete Hauptursache: Ablenkung durch Handys. In den USA (am VTTI in Blacksburg) hat über den Zusammenhang bereits eine detaillierte Studie Auskunft gegeben. Wenn's stimmt, ist das bitter, aber warum gibt es keine Zahlen von all den Leben, die durch Handys gerettet wurden? Wie viele Verunglückte auf der Autobahn konnten schon den Krankenwagen rufen, viel schneller, als das früher mit den Notrufsäulen möglich war? Wie viele Verirrte in den Highlands und Karpaten konnten dank Handy schon Hilfe rufen? Und während der Wartezeit eine Pizza bestellen oder sich mit Katzenvideos mental über Wasser halten? Wie viele Frauen konnten sich mit Handy am Ohr schon etliche notgeile Bumsidioten vom Leib halten? Wie viele Selbstmordkandidaten haben vielleicht im letzten Moment doch noch die Telefonseelsorge gegoogelt und sind nicht vor die Bahn gesprungen? Wie viele haben sich selbst gerettet, nachdem sie schnell das Tutorial »Penis entfernen aus Staubsaugerdüse« studiert haben? Man weiß es nicht. Richtig ist, dass heute zahlreiche Menschen sterben, weil Autofahrer am Steuer mit dem Handy herummachen:

12:41 – »Bin in fünf Minuten da.« Zwinker-Smiley.

12:43 – »Hab gerade wen überfahren.« Grummel-Smiley

Banale, sinnlose SMS töten Menschen. Das ist nicht zu tolerieren. Aber wie viele Tote gingen eigentlich früher auf das Konto von Fahrern, die auf die Straßenkarte geschaut haben? Handy versus Shell-Atlas, das muss auch mal aufgerechnet werden! Bei neuen Technologien führt man immer nur Buch über die Schadensmeldungen, die immense Liste von Großtaten mit dem neuen Gadget fällt unter den Tisch.

Denn Handys können noch mehr. Sie verhindern Gewalt, und das täglich. Früher war die U-Bahn das ideale Biotop für Pöbler und Schläger. Meist genügte ein Blickkontakt, und die Aggressionsspirale nahm Fahrt auf, Stichwort: »Was guckst du?!« Heute fehlt der Blickkontakt, man muss in der Bahn erst mal jemanden finden, der nicht auf sein Handy starrt. Und die Pöbler von früher hängen genauso überm Display und checken bei WhatsApp, ob Sarina heute Abend vielleicht noch in die Shisha-Bar kommt. Oder sie warten verzweifelt auf einen Anruf von ihr, während sie sich mit Katzenvideos mental über Wasser halten. Oder suchen längst auf Tinder nach Alternativen zu Sarina. Wer die Aussicht auf ein prickelndes Date hat, riskiert keine

Schlägerei, man will ja gut aussehen. U-Bahn-Dialoge der Gegenwart sind kurz und konfliktfrei:

»Was guckst du!?«

»Ich guck Tinder, und du?«

»Ich auch.«

Dialog beendet. Wer den anderen nicht sieht, kann ihn auch nicht provozieren. Die Kids von heute sind in zehn Jahren vielleicht alle kurzsichtig und total verblödet. Aber auch gewaltfrei wie Jesus. Da kann man ruhig mal von einem Wunder sprechen.

Exkurs: Das hätten die auch schon früher erfinden können

»Mondamin Fix Soßenbinder. Gelingt immer und klumpt nicht.« So hieß es in einem Werbespot, als ich klein war. Die Hausfrau schlürfte zufrieden am Soßenlöffel und rief aus: »Das hätten die auch schon früher erfinden können!« Recht hatte sie! Und es gibt noch vieles mehr, das uns schon viel früher das Leben erleichtert hätte – wenn wir nur darauf gekommen wären.

Viele wichtige Errungenschaften der Moderne haben wir viel zu spät entdeckt, obwohl die Technik längst bereit gewesen wäre: zum Beispiel dass man so gut wie alles mit Käse überbacken kann. Oder der Joghurt mit der Ecke. Oder Zuckerwatte: In irgendeiner Werkshalle stand eine metallische Drehschüssel mit Bodenheizung, und der Meister dachte sich: Wofür könnte ich die wohl benutzen? Er stellte sie an und schmiss alles Mögliche hinein: Bleistifte, rostige Nägel, alte Zeitungen und schließlich eine halbe Tüte Zucker. Der Rest ist Geschichte und riecht einfach herrlich nach Rummelplatz. Mit ein wenig Fantasie findet man zu jedem Tool neue Anwendungsmöglichkeiten. Beispiel Fritteuse. Die Holländer wissen: Es gibt nichts, was man nicht frittieren kann. Also frittieren sie alles, mit unterschiedlichen Ergebnissen, die letztlich Geschmackssache sind, sei es Frikandel, Poffertjes oder das Gesicht von Volker Bouffier. Kurz: Man kann alles frittieren, muss aber nicht.

Wer hat eigentlich den Gurkenfahrstuhl erfunden? So nenne ich diesen Plastikbaum mit blattartigen Schaufeln als Äste, der in manchen Gurkengläsern steckt. Man muss ihn nur vorsichtig nach oben ziehen, und er befördert die Cornichons über die Wasseroberfläche. Das Wasser bleibt, wo es ist. Man muss es nicht abgießen und vor allem nicht mit den Fingern in die ekelige Brühe fassen, um die Gürkchen aus der Tiefe zu fischen. Die entwürdigende Fummelei hat ein Ende. Hier hat jemand nicht das Rad neu erfunden, aber ein Problem mit vorhandenen Mitteln brillant gelöst und so die Welt ein kleines bisschen besser gemacht. Diese gute Nachricht war den Mainstreammedien nicht eine Zeile wert.

Apropos Rad. Die größte Lachnummer der Menschheitsgeschichte ist die viel zu späte Erfindung des Rollkoffers. Vor 6.000 Jahren haben die Mesopotamier das Rad erfunden, aber erst vor wenigen Jahrzehnten hat es jemand an einen Koffer montiert. Jahrtausendelang mussten Menschen ihre Koffer schleppen, statt zu rollen. Für eine Revolution braucht es kein Blutvergießen, manchmal braucht es nur vier kleine Rollen. Jeder hätte den Rollkoffer erfinden können, die Technik war längst da, aber selbst unsere ach so großen Genies sahen den Wald vor lauter Bäumen nicht. Kepler, Newton, Einstein: Sie haben dem Universum seine Geheimnisse entrissen, mussten aber ihre schweren Bücher in einem Koffer durch die Welt schleppen wie die letzten Idioten. Das ist nicht nur mir aufgefallen, sondern auch dem Zufallsphilosophen und Finanzexperten Nassim Taleb, der sich irgendwann über sich selbst wunderte, als er den ersten Rollkoffer sah: »Warum habe ich eigentlich jahrelang meine schweren Bücher im Koffer durch die Welt geschleppt wie der letzte Idiot?« (z. B. Einstein). Taleb konnte sich nämlich keinen Kofferkuli leisten. Der Kuli hätte natürlich seinerseits den Koffer auf einen Wagen mit Rädern gehievt. »Aber warum die Räder nicht gleich an den Koffer montieren?«, das war die Idee, die alles veränderte (besonders das Leben der Kofferkulis). Simpel und folgerichtig, nur eben Jahrtausende zu spät. Nassim Taleb stellte fest, dass die Erfindung einer Technik nicht notwendigerweise auch den Einsatz derselben nach sich zieht. Das zeigt sich, so Taleb, auch bei den präkolonialen Amerikanern (Azteken, Inkas usw.): Die hatten nie das Rad erfunden – so unser landläufiges

Wissen. Aber ihre Kinderspielzeuge hatten sehr wohl kleine Rollen, sodass die Kinder sie hinter sich herziehen konnten. Der Inkagott muss bekloppt geworden sein, als er das Treiben der Menschen sah: hier die Kinder mit dem Rollspielzeug, dort die schleppenden Idioten und Lasttiere. Kein einziger Wagen mit Rädern! »Herr, schmeiß Hirn vom Himmel!«, muss Gott ausgerufen haben, bis ihm auffiel: »Herr – das bin ja ich.«

Und dann waren da noch die Brüder Wilbur und Orville Wright, die 1903 den ersten Motorflug realisierten, diese Errungenschaft aber lediglich als Jahrmarktattraktion verkauften – dass Flugzeuge Millionen Menschen quer über den Erdball verfrachten könnten, kam ihnen gar nicht in den Sinn, und als die Brüder es endlich einsahen, war es zu spät: Die Konkurrenz hatte nicht geschlafen und war den Wrights buchstäblich davongeflogen. Ähnlich blamiert haben sich übrigens die antiken Griechen, die eine einfache Form der Dampfmaschine entwickelt hatten – auch wieder nur als Spielzeug für Kinder. Es ist zum Verrücktwerden. Aber die Sache mit dem Rollkoffer ist mit Abstand das Dümmste und Peinlichste, was unsere Spezies sich bisher geleistet hat. Funfact: Der Mensch hat den Rollkoffer erfunden, erst nachdem er auf den Mond geflogen ist.

Oder war der Rollkoffer vielleicht schon längst in der Welt, und alles wurde geheim gehalten? Ich denke da an die Kofferkuliminaten. Die sorgten jahrhundertelang dafür, dass alle, die einen Rollkoffer entwickelten, auf mysteriöse Weise ums Leben kamen. Sie wurden von ihrer Erfindung überfahren oder rollten auf ihrem Koffer in eine Schlucht. Immer ohne Zeugen. Ächzende Sargträger schleppten sie auf ihrem letzten Weg zum Grab. Ich habe übrigens eine geniale Idee, mit der Sie reich werden und die Welt verändern können. Sie brauchen dazu nur einen Sarg und vier Rollen ...

Spucken

Männlichkeit war früher mit Kulturtechniken verknüpft, die uns heute Brechreiz verursachen. Die übelste von ihnen nennt man lautmalerisch »rotzen«. Noch in meiner Jugend spuckten Männer dicke Fladen auf den Boden, wo sie gerade gingen oder standen. Und dachten sich nichts dabei. Sie rotzten, um sich die Zeit zu vertreiben, denn medizinisch notwendig war es ja nicht. Aber zum Glück ist unsere Welt besser geworden, und heute blicken wir mit Entsetzen zurück auf die Zeit der rotzenden Männer.

Von Natur aus rotzt der Mensch nicht, diese Kulturtechnik muss erlernt werden. Nicht dass der Vater das mit dem Sohn trainieren würde, so wie er ihm das Fahrradfahren beibringt; der Jungrotzer schaut sich das automatisch von älteren Artgenossen ab. Und dann muss er üben, denn der kontrollierte Schleimauswurf fordert ein gewisses Maß an Körperbeherrschung. Wie andere sportliche Übungen lässt sich auch diese in mehrere Phasen gliedern, der Rotzvorgang umfasst genau genommen drei Schritte. Er beginnt mit einem brummigen Schnarchlaut, wenn der Schnodder aus der Nase in den Rachen gesogen wird (Hcchrrr...). Dort wird er mit Bronchialschleim vermengt, aus dem Rachen in den Mundraum hinaufgeröchelt (Rorrcch...) und im dritten und letzten Schritt herausgeschleudert (Tpff). Also im ganzen Satz:

1. Hcchrrr...
2. Rorrcch...
3. Tpff!

Wenn Schritt 1 und 2 ausgelassen werden, spricht man von Spucken. »Tpff!« Unzählige Männer verbrachten früher den Tag damit, ihre Umgebung einfach vollzurotzen, Raucher ganz besonders. Zwei Männer auf der Straße in den Siebziger- oder Achtzigerjahren klangen ungefähr so:

Mensch, Uwe, wie isset? Wat machste?

Hcchrrr... Rorrcch... Tpff! Mahlzeit ›Karsten, haste mal 'ne Kippe?

Klar, aber nur Ernte 23 von meiner Omma. Hcchrrr... Tpff! Hier!

Sach mal, Karsten – Tpff! – haste was von Claudia gehört?

Biste immer noch verknallt in Claudia? Hcchrrr... Rorrcch... Tpff!

Ja, sicher. Hcchrrr... Claudia ist die Frau meines Lebens. Rorrcch... Tpff!

Nach kurzer Zeit sah der Asphalt, auf dem die Männer standen, aus wie ein glibbriger Quilt. Und *viele* Männer standen irgendwo herum. Bürgersteige in der Großstadt waren übersät mit markstückgroßen Schleimpfützen in Beige, Braun oder Grün. Um nicht hineinzutreten, musste man den Asphalt beim Laufen immer im Auge behalten. Wohlgemerkt: Wir sprechen hier von Düsseldorf, München oder Bad Hersfeld, nicht vom Wilden Westen. Zu meinen Jugenderinnerungen gehören junge und alte Männer, die ganz beiläufig im Gespräch »einen Grünen absondern«. Aber ohne große Debatten haben wir uns von dieser Tradition verabschiedet, Rotzen ist heute indiskutabel. Auch seine kleine Schwester Spucken wird kaum noch toleriert. Ausnahme ist nicht zufällig die Männerdomäne Profifußball. Hier können Spitzenverdiener noch im hohen Bogen ausspucken, ohne gesellschaftliche Sanktionen fürchten zu müssen. Gut möglich, dass bei extremer körperlicher Belastung enormer Speichelfluss entsteht, der Betreffende also keine andere Wahl hat, als zu spucken. Sogar beim Frauenfußball konnte ich mal eine deutsche Nationalspielerin beim Spucken bewundern, in Zeitlupe – was für eine Demonstration feministischer Power! Mehr wert als jeder Steilpass, jede Mörderflanke oder Blutgrätsche. Der historische Moment einer um Anerkennung ringenden Fußballerin, die sich zum ersten Mal auf männliche Augenhöhe hinaufrotzt. Hcchrrr... Rorrcch... Tpff!

Von der unappetitlichen deutschen Vergangenheit zeugen heute noch Museumsstücke wie der Spucknapf. Ich kenne die Dinger nur von Abbildungen im Internet. Spucknäpfe standen früher auf den Tischen in jeder Kneipe, bis weit in die Fünfzigerjahre des 20. Jahrhunderts. Nicht willkürlich hingestellte Teller oder Schüsseln, sondern eigens für diesen Zweck hergestellte Designspucknäpfe. So konnten Karten spielende Männer ihren Kautabak, den man ja nicht hinunterschlucken durfte, entsorgen, ohne aufzustehen. Und ohne eine Spur der Scham darüber, den eigenen Auswurf für aller Augen sichtbar zu machen. Fragen tauchen auf: Wie treffsicher waren die Spucker eigentlich? Wie oft wurde der Napf geleert? Und von wem? Was dachten die Frauen, die solche Männer küssten? Ich kann auch ohne die Antworten gut leben.

Sicher sind die Bürgersteige heute nicht überall auf der Welt so trocken wie in Deutschland. Während ich dies schreibe, weile ich in Griechenland, wo noch deutlich häufiger ins Umland gespuckt wird als etwa in Köln. Nennen Sie mich Speichelchauvinist, aber ich vermute: Je weiter man nach Norden schaut, desto weniger wird gerotzt – bei den Eskimos wiederum bin ich mir nicht sicher. Ich hoffe aber, sie tun es nicht. Falls doch, betrifft uns das alle. Denn die Rotze von Jahrtausenden Inuit-Geschichte wurde niemals abgebaut, sondern gefror augenblicklich in Schnee und Eis. Sollten die Polkappen eines Tages schmelzen, kommt da einiges auf uns zu. Ein Grund mehr, gegen die Erderwärmung zu kämpfen.

Exkurs: Früher Mühsal – heute Spaß

Ein Campingplatz auf der schottischen Isle of Skye, Ende April. Ich halte mit dem Auto, weil ich hoffe, dass es hier Kaffee gibt. Da sehe ich, wie ein Dutzend junger Menschen mit Kulturbeuteln zum offenen Waschverschlag trottet. Sind die bekloppt?

Wie in Schottland nicht anders zu erwarten, ist das Wetter beschissen: Es nieselt und nebelt, und ein schneidender Wind weht, vor dem es keinen Schutz gibt. Durch das Geröll des Trampelpfades ziehen sich anschwellende Rinnsale und fließen in das umliegende Erdreich, das bei jedem Tritt gluckst wie ein nasser Schwamm. Frage: Was soll das? Meine Oma hätte gesagt: »Wem's Spaß macht ...«, aber ich will wissen: Welcher Spaß? Wer macht Urlaub auf einem nassen Schwamm? Ist das überhaupt Urlaub? Die Feuchtcamper nennen es vielleicht Abenteuerurlaub, aber was für eine Idee von Abenteuer ist das eigentlich? In klammen Zelten hocken? Abenteurer, das waren Leute, die um die Welt segelten, auf der Suche nach Reichtümern und um andere Menschen zu versklaven, wobei sie manchmal auch in klammen Zelten hockten, das soll vorgekommen sein. Aber das Zelt war nicht das Abenteuer; wenn Dreifinger-Joe erzählt hätte:

»Jungs, ich hab am Kap Horn zwei Wochen im klammen Zelt gehockt.«

»Und weiter?«

»Nichts weiter.«

Hätte man Joe aus der Hafenspelunke geschmissen. Schon klar, die Camper im Regen suchen irgendein Erlebnis fernab moderner Convenience. Sich ausliefern, intensiv erfahren, eins sein mit der Natur, also unterm Strich: ein bisschen leiden, nur so zum Spaß. Sicher, trocken, warm und bequem – so haben wir uns das moderne Leben eingerichtet, und nun wird das alles wieder abgestreift. Und wozu? Zum Spaß.

Viele Beschwerlichkeiten unseres Daseins, die wir mithilfe der Technik aus unserem Leben verbannt haben, kommen durch die Hintertür wieder zurück: als Freizeitspaß. Wir konservieren uns die Mühsal vergangener Zeiten. Bevor die ersten Dampfschiffe die Ozeane fahrplanmäßig überquerten, kämpften Seefahrer auf Segelschiffen gegen die Unbill von Winden und Strömung. Heute ist das umständliche Segelsetzen die beliebteste Wochenendentspannung für Ärzte und Architekten mit Wohnsitz in Bremen. Noch vor 200 Jahren reiste man zu Lande auf dem Pferderücken. Heute geht es im schicken Daimler zum Reitplatz, da setzen wir uns dann auf eine übel riechende Mähre und reiten zwei Stunden sinnlos im Kreis. Zum Spaß. Anfang des 20. Jahrhunderts ritt der Dorfarzt auf dem Pferd los, um sich sein erstes Auto zu kaufen, heute fährt er im Auto los, um sich sein erstes Pferd zu kaufen.

Ein Haus ohne Zentralheizung geht heute gar nicht, andererseits beneiden wir die reichen Nachbarn um ihren Kamin, in dem abends die Scheite so schön prasseln. Holzhacken muss dann aber auch nicht sein, da tun es auch fertige Scheite aus dem Baumarkt zu Apothekenpreisen. Kühlregale voller Fleisch hindern Jäger auch nicht daran, sich frühmorgens auf dem harten Hochsitz den Arsch abzufrieren. Offenbar gibt es nichts Schöneres, als das Fleisch unpaniert in den Kofferraum des Offroaders zu hieven. Auch das Grillen müsste ja nicht sein. Erst kauft man überteuerte Kohle (und zerstört die Wälder in den Tropen), die dann ums Verrecken nicht glühen will. Man stapelt und zündelt und fächelt und bläst einen halben Tag lang, legt das Fleisch auf, tropfendes Fett brennt, Stichflammen verkohlen die ersten Steaks, Kleinteile rutschen durch den Rost und verbrennen, Kinder quengeln, der Rauch brennt in den Augen, dann essen alle, außer man selbst, weil man ja ständig nach dem Grillgut sehen muss. Kein

Wunder, dass unsere Vorväter irgendwann riefen: »Es nervt! Ich baue jetzt Getreide an!«

Camping vereint all diese wiederentdeckten Beschwerlichkeiten: das Ausgeliefertsein an Wind und Wetter, Nomadendasein, unbequemes Sitzen, Kochen über offenem Feuer, einfaches Essen und den Verzicht auf formschönes Design. Die Notwendigkeit diktiert hier alles, man feiert die Schönheit des Provisoriums. Zum Spaß.

Aber warum fühlt man sich denn auf dem Campingstuhl wohler als auf der Couch daheim, warum schmeckt hier wohl die Tütensuppe besser als der Gemüseschaum beim Sternekoch? Die Plackerei wird doch nur genießbar, weil sie künstlich ist. Wir haben Spaß daran, in einem nassen Zelt zu sitzen, weil zu Hause die trockene Wohnung mit Couch und Ceranfeld auf uns wartet. Campen ist kein wirkliches Ausgeliefertsein, kein Verzicht und schon gar kein Abenteuer. Im Grunde vergewissern wir uns nur, wie beschissen es da draußen ist, um die Bequemlichkeit unserer modernen Welt umso mehr genießen zu können. Der Marsch durch den kalten schottischen Regen ist Warmduschen unter anderem Vorzeichen. Das sieht man auch daran, dass die freiwillige Entbehrung dann schnell wieder ihre Grenzen hat, wenn es richtig ernst wird. Sich vom Schmied den Zahn ziehen lassen, nur zum Spaß, das wär doch mal was. Tut aber keiner. Manche Menschen häkeln heute unnötige und vor allem potthässliche Schals und Pullis, da könnten sie doch auch mal die Wäsche unten am Fluss waschen. Macht aber keiner. Oder, nur als Idee, die Kinder einfach mal **nicht** impfen lassen. Ach nee, das gibt es ja schon. Aber wer weiß, was noch kommt? Es wäre schön, wenn wir eines Tages die Armut komplett überwinden. Dann sieht man vielleicht in 50 Jahren Anwälte, die am Wochenende in Mülleimern nach Pfandflaschen wühlen. Zum Spaß. Weiß man's?

Todesstrafe

Wir Deutschen leben seit über 70 Jahren ohne die Todesstrafe. Geht auch. Das ist erstaunlich, denn keine Todesstrafe, das gab es noch nie. Seit Anbeginn der Menschheit war sie unsere treue Begleiterin. Herrscher kamen und gingen, Kulturen blühten auf und versanken im Wüstensand mitsamt ihren Monumenten, aber die Todesstrafe blieb. So stürmisch die Zeiten auch sein mochten, auf eines war Verlass: dass Menschen auf dem Marktplatz feierlich aufgeknüpft werden. Aber dann dauerte es nur knapp 200 Jahre, und die Todesstrafe wurde zum Unding in vielen Ländern. Warum eigentlich? Das ist gar nicht so einfach zu beantworten.

Ich sitze mit meinem Kumpel im Café und erzähle: »Ich brauche für mein Kapitel zur Todesstrafe noch einen guten Aufhänger.« Mein Kumpel prustet los und schreit: »Aufhänger! Der war gut!« Ich: »Sehr witzig. Die Deadline ist am Montag.« Er: »Hahaha, auch nicht schlecht! Na ja, wirst den Kopf schon irgendwie aus der Schlinge ziehen.« Darauf ich: »Du hast ja einen Galgenhumor.« Darauf er: »Was zum Henker meinst du?« Ich: »Dass deine Witze todlangweilig sind.« Darauf er: »Das kann ja jeder enthaupten!« Dann ließen wir die peinlichen Kalauer und diskutierten ganz sachlich die Pros und Kontras zum Thema. Und hier sind sie.

Argument Nummer eins für die Todesstrafe: Wer andere umbringt, hat sein Recht auf Leben verwirkt. Das klingt erst einmal logisch, denn hier wird Gleiches mit Gleichem vergolten. Nur gibt es erstens Staaten, die die Todesstrafe nicht nur bei Mördern anwenden, und zweitens wird einem Handtaschenräuber ja auch nicht die Handtasche weggenommen oder einem Messerstecher ins Bein gestochen. Die Philosophie des Henkens folgt keiner Logik, sondern emotionalen Konzepten wie Rachsucht oder schlicht der Religion. Todesstrafenfans in den USA zum Beispiel berufen sich nicht auf Logik, sondern auf die Bibel.

Argument Nummer zwei für die Todesstrafe: Sie schreckt ab, oder? Antwort: Nein. Viele US-Bundesstaaten bestrafen mit dem Tod, haben aber eine deutlich höhere Mordrate als Länder ohne Giftspritze. Gerade Schwerstkriminelle und Mörder zeichnen sich dadurch aus, dass strafrechtliche Abwägungen ihnen ziemlich egal sind. Denken wir an die Gangster in Scorceses Film »Casino«, die den von Joe Pesci gespielten Nicky mit irrer Brutalität zusammenschlagen und lebendig in einem Maisfeld begraben. Und stellen wir uns nun vor, einer der drei würde plötzlich innehalten und den anderen zurufen: »Jungs, wir sollten aufhören! Denkt an die Todesstrafe! Wenn das rauskommt, das gibt eine saftige Anzeige.«

Argument Nummer drei für die Todesstrafe: Es befriedigt das Rachebedürfnis der Angehörigen des Opfers, und sie können wieder ruhig schlafen, oder? Antwort: Nein oder kaum, die Mehrheit der Hinterbliebenen stellte bei Umfragen fest, dass ihnen der Tod des Täters keinen Trost bringt. Auch haben viele Hinterbliebene schon im Vorfeld einer Verhandlung die Todesstrafe abgelehnt, noch bevor sie wissen konnten, ob es ihnen was bringt. Die alte Floskel stimmt: »Das macht unsere Tochter auch nicht wieder lebendig.«

Argument Nummer vier für die Todesstrafe: Sie spart Geld. Lebenslänglich ist ja wohl teurer als Todesstrafe, oder? Antwort: ganz großes Nein! In Diktaturen und Bananenrepubliken mag das stimmen, in den USA ist die Todesstrafe viel teurer als lebenslange Haft ohne jede Möglichkeit der Bewährung. Das Gesetz verlangt eine 150-prozentige Absicherung des Todesurteils, es gibt unzählige Berufungsmöglichkeiten, Gnadenersuche, Verfahrensvorschriften und den kostspieligen DNA-Beweis. Gerechtigkeit ist ein teurer Spaß! Ein Todesstrafenfall kostet weit über zwei Millionen Dollar, für das Geld könnte man den Delinquenten 50 Jahre lang im Businesshotel unterbringen, inklusive Wellness, Fußpflege und Netflix – das ist sicherer als vergitterte Fenster, denn nichts fesselt den Menschen besser an sein Zimmer als die neue Staffel von *Haus des Geldes*.

Cops in ärmeren Bezirken der USA haben mindestens genauso viel Angst vor der Todesstrafe wie der Angeklagte, denn nicht selten reißt ein einziges solches Verfahren ein bedrohliches Loch in die Kasse, was die Bezirksverwaltung auf kreative Weise ausgleicht: Man entlässt reihenweise Polizisten. Sollten Sie also einen Mord begangen haben, und die Cops haben Ihr Haus umstellt, rufen Sie einfach: »Haut ab! Ihr riskiert euren Job!« Tatsächlich haben klamme Kassen schon so manchem armen Teufel das Leben gerettet, denn Richter in ärmeren Bezirken verordnen aus Kostengründen lieber lebenslänglich; sonst müsste man die Steuern erhöhen, und das gibt dann auch wieder Tote.

Argument Nummer fünf für die Todesstrafe: Sicherheit. Wer tot ist, richtet kein Unheil mehr an. Antwort: Klar, nur dass Wegsperren gleich effektiv ist. Wenn man es ordentlich macht. Hannibal Lecters Ausbruch in *Das Schweigen der Lämmer* war das Ergebnis von Murks und Schlamperei. Wenn alle effektiv arbeiten, müssen Sie auch keine Angst haben, dass Ihr Hirn irgendwann in Weißweinsoße endet.

Nun die Nachteile der Todesstrafe. Erster Nachteil: Die drohende Giftspritze befreit den Täter von jeglicher Restmoral. Wir kennen das aus Filmen: »Ich lande eh in der Todeszelle, da kommt's auf einen Mord mehr oder weniger auch nicht mehr an!« Mit dem ersten Mord hat der Täter quasi eine Flatrate für alle weiteren Taten erworben. Mit so jemandem kann man nicht gut verhandeln. Streng genommen macht die Todesstrafe die Welt also noch gefährlicher.

Zweiter Nachteil: Justizirrtümer. Die sind gar nicht so selten, wie man vielleicht denkt. Eine Studie von 2014 an der University of Michigan in Ann Arbor untersuchte 7.482 Todesurteile zwischen 1973 und 2004. Man berechnete, dass 4,1 Prozent der Verurteilten unschuldig in der Todeszelle saßen.

Dritter Nachteil: die Todesstrafe als Allzweckreiniger, oder wie die Amerikaner sagen: »To a man with a hammer everything looks like a nail.« Übersetzt: Für einen Mann mit Hammer in der Hand sieht alles aus wie ein Nagel. Alles, was stört, wird gehängt, geköpft oder verbrannt: Mörder, Diebe, Schwule, Dissidenten, sogar doofe Ehefrauen – wirklich wahr, denn Heinrich der VIII. von England ließ seine Gattin Anne Boleyn enthaupten und gab so dem Wort Trennungsschmerz eine ganz neue Bedeutung. Dieses Beispiel beweist, dass bei Willkürherrschaft die Todesstrafe mehr Probleme schafft, als sie löst.

Gut also, dass seit dem Zeitalter der Aufklärung Folter und Todesstrafe in Deutschland zunehmend infrage gestellt wurden. Friedrich II. von Preußen fand die Folter unangemessen und schaffte sie ab. Auch die Todesstrafe sollte seiner Ansicht nach nicht bei jeder Lappalie zur Anwendung kommen. Kleines Vergehen: milde Strafe. Großes Vergehen: harte Strafe; die Abstufungen der Strafen sollten stimmen. Gefühlsduselei war das nicht, eher preußische Ordnungsliebe, die Forderung nach einem kohärenten System. Schon eher gefühlsduselig war der italienische Philosoph Beccaria, er forderte die totale Abschaffung der Todesstrafe, bekam jedoch die Keule aus Königsberg zu spüren, gemeint ist natürlich Immanuel Kant. In seiner *Metaphysik der Sitten* (1797) schrieb der Philosoph missgünstig von Beccarias »Sophisterei und Rechtsverdrehung« und nannte die Forderung eine »teilnehmende Empfindelei einer affektierten Humanität«. Kalter Kant! Trotzdem war um 1800 herum die Todesstrafe schon leicht angezählt. Das hatte weniger humanistische als vielmehr praktische Gründe. Dazu muss man wissen, wie Hinrichtungen damals abliefen.

Der Prozess fand unter Ausschluss der Öffentlichkeit statt, aber die Hinrichtung war ein großes Public-Viewing-Event unter freiem Himmel, in etwa so wie die Domfestspiele in Bad Gandersheim. Es begann mit dem »hochnotpeinlichen Halsgericht«, einer Art nachgespielter Gerichtsverhandlung, damit der Delinquent noch mal öffentlich seine Schuld bekennen konnte. Danach wurde er vor Tausenden Zuschauern geköpft oder aufs Rad geflochten. Das Rädern war Foltern vor Publikum, man brach dem Menschen sämtliche Knochen und ließ ihn im schlimmsten Falle dann verenden. (Die noch gebräuchliche Redewendung »sich wie gerädert fühlen« klingt eher so, als wäre mir jemand mit dem Segway über die Füße gefahren.) Hier begannen die Probleme. In der ersten Reihe vorm Schafott standen Menschen mit leeren Krügen. Das waren die Epileptiker und andere Kranke, die es auf das Blut des Gehenkten abgesehen hatten. Das sollte angeblich gegen ihre Krankheit helfen. Auch Kleidung und Teile des Körpers wurden gerne entfernt und für allerlei Hokuspokus missbraucht. Bis weit in die zweite Hälfte des 19. Jahrhunderts hinein gab es keine Hinrichtung ohne diese Resteverwertung. Auch als dies schon lange verboten war, bunkerte man weiter Leichenteile, nach dem Motto: »Ist doch noch gut!«, so wie heute beim Containern. Wenn der Henker die Souvenirjäger nicht ranließ, gab es Tumulte und Prügeleien. Wenn der Henker ungeschickt am Delinquenten herumwerkelte, sodass der nicht sofort starb, gab es auch Tumulte und Prügeleien. Denn seltsamerweise identifizierte sich der Mob mit dem Todgeweihten und wollte ihn nicht leiden sehen. Seine Folter und sein kurz bevorstehender Tod rückten ihn in die Nähe von Heiligen, das schneeweiße Armesünderhemd war dazu das passende Outfit. Dies wurde dann abgeschafft und der Verurteilte nur noch in Freizeitklamotten gehenkt, doch weiterhin gab es Tumulte, und vor allem war sich die Obrigkeit bewusst, dass der bräsige Pöbel nicht von der Vollstreckung abgeschreckt wurde, sondern im Gegenteil hooliganartige Spaßgelage veranstaltete. Zu manchen Hinrichtungen strömten über zehntausend Partybegeisterte; Kneipenwirte müssen dem Delinquenten auf Knien gedankt haben. Dabei sollte doch die Hinrichtung zweierlei demonstrieren: die Schuld des Delinquenten und die Macht des Staates. Doch die nötige Ehrfurcht wollte sich beim Pöbel einfach nicht einstellen, sodass man öffentliche Hinrichtungen bald aus dem Kulturprogramm der Stadt strich. Fortan vollstreckte der Henker nur noch hinter Gefängnismauern, und es wurden – kein Witz! – Eintrittskarten verkauft. Ein tolles Geburtstagsgeschenk! Das Ableben des Delinquenten wurde per Totenglocke kundgetan. Schließlich ließ man aber auch das Gebimmel sein, und die wenigen verbliebenen Profihenker mussten auf Bahnreisen ihr Equipment verschämt in unauffälligen Koffern transportieren, sonst wären sie angepöbelt worden wie heute Rostock-Fans auf St. Pauli.

Es vollzog sich nämlich gerade ein Sinneswandel, mit der Revolution 1848 wurden erstmals in Deutschland Rufe nach der Abschaffung der Todesstrafe laut. Irgendwie standen immer weniger Menschen auf die Todesstrafe. Arbeiterrechte, Frauenrechte, Rente, das waren die neuen hippen Ideen. Todesstrafe? Kennen wir schon, wollen wir nicht. Die Nazis pushten das strafrechtliche Sorgenkind noch mal ganz weit nach oben, aber auch sie konnten das ramponierte Image nicht mehr retten.

Das Grundgesetz der Bundesrepublik schließt die Todesstrafe völlig aus, Artikel 1 ist quasi ihr Todesurteil. »Darauf muss man erst mal kommen!«, mögen sich einige gedacht haben. Aber die Zeit war reif für ein bisschen Zärtlichkeit. Einfach mal nicht hinrichten. Einfach mal keine Todesstrafe für niemanden und dann sehen, was passiert. Es funktionierte, die Welt ist nicht untergegangen und die Mordrate bei uns nach wie vor im Sinkflug. Das Erfolgsrezept von »Keine Todesstrafe« scheint der Gewöhnungseffekt zu sein. Wer längere Zeit in einer Welt ohne das Aufknüpfen lebt, kann sich bald nicht mehr vorstellen, andere zum Tode zu verurteilen oder gar dabei zuzusehen, wie sie enthauptet werden. Ausnahme sind Nazis, die immer noch die Todesstrafe für »Kinderschänder« fordern. Aber das macht die Todesstrafe auch nicht wieder lebendig.

Es sieht nicht gut aus für die alte Lady des Strafrechts. 2018 gab es in Pakistan laut Amnesty International 14 Hinrichtungen. Im Vorjahr waren es noch über 250. Besonders in den USA werden in jüngster Zeit immer mehr Todeszellen zu Besenkammern umfunktioniert. So schaffte New Hampshire die Todesstrafe 2019 ab, Colorado folgte im März 2020. Kaliforniens Gouverneur Gavin Newsom verkündete 2019 ein Moratorium für alle Hinrichtungen, das bis zum Ende seiner

Amtszeit gelten soll – keine Kleinigkeit, denn das betrifft immerhin 737 Häftlinge.

In den letzten drei Jahrzehnten haben weltweit pro Jahr drei Länder die Todesstrafe abgeschafft. Rein rechnerisch könnte die Todesstrafe noch zu meinen Lebzeiten von unserem Planeten verschwinden.

Autonome Fahrzeuge

»Vollautonomes Auto«? Das kenne ich doch von früher bei der Demo: liegt auf der Seite und brennt. Aber schon klar, vollautonome Autos fahren selbsttätig. Unzählige Deutsche gehen beim Gedanken daran vor Angst quasi durch die Leitplanke. Kontrolle abgeben plus neue Technologie, das ist die giftige Mischung, die den Angstmenschen sofort lähmt. Auch wenn David Hasselhoff in Knight Rider mit K.I.T.T. ganz gute Erfahrungen gemacht hat, erscheint es vielen wie der pure Irrsinn.

Was, wenn das Ding einen Fehler macht? Was, wenn das Ding Gefahren nicht erkennt? Was, wenn das Ding abstürzt? Berechtigte Ängste sind das. Als ich noch zur Schule ging, fuhren wir am Wochenende gemeinsam in Tobis Auto zur Disco. Bevor wir zu ihm in seine Ente stiegen, fragte allerdings niemand: Was, wenn Tobi einen Fehler macht? Was, wenn Tobi Gefahren nicht erkennt? Was, wenn Tobi abstürzt? Damals galt noch die 0,8-Promille-Regelung. Für Tobi hieß das, ein bis zwei Weizen sind immer drin. Also, drinnen in Tobi, auf der Rückfahrt. Und Tobi war noch einer von den Vernünftigen. Ich erinnere mich an eine Party in meiner WG, zu der auch Ulf und Kerstin kamen (Namen vom Autor geändert). Ulf hatte schon vorgeglüht und trank munter weiter, bis er einschlief. Von eins bis halb drei lag er auf unserem WG-Sofa wie tot. Dann richtete er sich auf, schwankte zur Tür, fingerte die Autoschlüssel heraus und lallte: »Komm Kerstn – *hicks* – sch fahr dsch na Hause.« Und Kerstin nahm ihre Jacke, und Ulf fuhr sie nach Hause. Nun die Frage an alle Technikskeptiker: Tesla oder Ulf?

Autonome Fahrzeuge sind nicht perfekt, aber Menschen sind Idioten. Nicht immer, aber sehr oft. Menschen fahren Auto mit Alkohol im Blut. Eine Freundin von mir jobbte im Studium als Nachtschicht in einer Tankstelle und war bestürzt, wie viele Leute auf dem Weg zur Arbeit dort morgens um fünf ihren Flachmann kauften und dann beschwingt ins Auto stiegen. Die Flaschen mit dem Wodkafrühstück stehen halt nicht zum Spaß direkt an der Kasse. Ich frage einfach noch mal: Mensch oder Tesla?

Ich persönlich saß noch nie mit Alkohol am Steuer. Aber ich bin auch sehr unaufmerksam. Oft bin ich beim Fahren so in Gedanken, dass ich die wichtigsten Dinge nicht mitkriege, zum Beispiel das rot blinkende STOPP!-LED auf dem Polizeiauto hinter mir, das schon seit Minuten versucht, mich anzuhalten. Wenn ich dann später ins Röhrchen blase, ist das Ergebnis natürlich negativ. Die Polizisten: »Äh, wir probieren mal ein zweites Röhrchen, das hier scheint kaputt zu sein« – sie haben halt gesehen, wie ich fahre. Ich respektiere das. Ich gestehe mir ein, ich bin nicht der beste Fahrer. Schmidtke oder Tesla? Das kann ich Ihnen blitzschnell sagen – wenn ich nicht gerade in Gedanken bin. Aber das darf ich ja dann wieder sein, in Gedanken, wenn das autonome Auto kommt. Der Mensch denkt, Auto lenkt! So sieht die Zukunft aus. Kaffeetrinken, lesen, arbeiten, ja sogar schlafen: Das Autofahren der Zukunft wird sein wie Bahnfahren, nur ohne nervige Mitfahrende. Parkplatzsuche ist dann auch Geschichte: Sie fahren im Verkehrschaos zu Oma in die City, steigen aus, und Ihr Auto sucht sich selbst einen Parkplatz. Nein, es sucht nicht, es kennt ihn ja schon. Wenn Sie bei Oma fertig sind, wartet Ihr Auto schon vor der Tür. Das Wort Parkplatzsuche finden wir in den Wörterbüchern der Zukunft genauso wenig wie heute eine Parklücke in der Mannheimer City. Nerviges Stop-and-go ist natürlich auch Geschichte. Stau ist Geschichte. Hupen, Brüllen, Finger zeigen: alles Geschichte. Und die vom Navi angezeigte Ankunftszeit ist sogar realistisch. Das autonome Fahrzeug erspart jede Menge Stress und wird so der effektivste Blutdrucksenker des 21. Jahrhunderts, besser als Ramipril oder Amlodipin. Dass bei 120 zu 80 die Welt friedlicher wird, muss man nicht erwähnen.

Natürlich schafft neue Technik auch neue Probleme. Taxifahrer haben keine Zukunft mehr, sie werden uberflüssig. Und wenn eine Maschine an die Stelle eines Menschen tritt, tauchen ethische Fragen auf. Unlösbare Situationen sind denkbar: Egal, ob ich nach links oder rechts lenke – einen muss ich überfahren. Wen – das muss man vorher programmieren. Also: Wer soll sterben? Der Rentner oder das Kind? Der Arzt oder der Vorbestrafte? Schalke- oder Bayern-Fan? Oder ich im Auto? Auch das ist denkbar: Ein Kind läuft vors Auto. Wir können das Kind überfahren oder ausweichen und an einen Baum fahren, dann überlebt das Kind, aber der Fahrer stirbt. Was soll man programmieren? Nachdem man Tausende Menschen dazu befragt hat, sind zwei Ergebnisse deutlich geworden: Fast 99 Prozent der Befragten entschieden: »Ich im Auto sollte sterben.« Zweites Ergebnis: 100 Prozent der Befragten würden das Auto nicht kaufen.

Die größten Bauchschmerzen macht den Kritikern die Vernetzung; sämtliche Autos tauschen ihre Daten über Ziel, Position und Geschwindigkeit aus, so sind Staus vermeidbar und Unfälle fast ausgeschlossen, aber unser Bewegungsprofil landet mal eben in der Cloud. Datenkraken ernähren sich von Privatsphäre. Die Krake nimmt grinsend zur Kenntnis, dass du am Donnerstag ins Bahnhofsviertel zum *Sauna-Club Juanita* fährst, dafür garantiert sie dir aber auch, dass du vor lauter Geilheit nicht an den Baum fährst. Schwierige neue Welt: Für so manche Verbesserung müssen wir ein Stück Intimsphäre opfern. Nur wenn Sie sich ganz öffnen, kann der Psychiater Ihnen helfen. Oder der Proktologe.

Sozialpädagogen

Wer meint, Sozialpädagogen würden die schlimmsten Kriminellen nur mit Schmusepädagogik in Watte packen, während die Opfer im Stich gelassen werden, hat in den Achtzigerjahren zu viel Kabarett geguckt, mit der Realität hat das wenig zu tun. Viele Sozialpädagogen sind wie Tarzan: besser als ihr Ruf.

Gehen zwei Sozialpädagogen die Straße entlang. Da sehen sie einen Mann, der halb zu Tode geprügelt auf dem Boden liegt. Darauf der eine Sozialpädagoge zum anderen: »Schnell! Wer immer das getan hat – wir müssen ihm helfen!« Guter Witz. Ich habe mir eine US-amerikanische Variante ausgedacht: Gehen zwei Cops die Straße entlang. Da sehen sie einen Afroamerikaner, der halb zu Tode geprügelt auf dem Boden liegt. Darauf der eine Cop zum anderen: »Schnell! Wer immer sich gegen diesen Schwarzen verteidigt hat – wir müssen ihm helfen!« Das ist gar nicht so weit hergeholt. Kurz nach Obamas Wahl zum US-Präsidenten kam ein amerikanischer Literaturdozent von der Arbeit nach Hause und stellte fest, dass bei ihm eingebrochen worden war. Er rief die Polizei, die nach wenigen Minuten vor Ort war. Sofort überwältigten sie den Literaturdozenten und brachten ihn aufs Revier. Sein wütender Protest half leider gar nicht, denn er war Afroamerikaner. Der Vorfall wuchs sich aus zum landesweiten Skandal, und Obama schaltete sich persönlich ein.

Zurück zum Witz: Er gefällt mir, auch wenn ich das Sozialpädagogen-Bashing gar nicht mitgehe, denn ich kenne mich aus. Aber der Witz über das »Helfen« ist absolut wahr, denn Sozialpädagogen tun genau das: Straffälligen helfen. Was denn sonst? Ärgern? Schubsen?

Foltern? Resozialisierung ist gut für alle. Wer Straffälligen hilft, hilft auch der Gesellschaft. Wir wissen heute, dass man Menschen selten besser macht, wenn man sie einfach nur leiden lässt. Man muss ihnen auch helfen auf dem Weg der Besserung. Wenn Ihnen »helfen« zu skandalös klingt, können wir auch »Verhalten korrigieren« sagen. Die amerikanischen Bootcamps (das Gegenteil von Schmusepädagogik) heißen offiziell »Correction Center«, denn sie korrigieren das Verhalten des Kriminellen, also auch sie helfen ihm – und der Gesellschaft, die dann keinen Ärger mehr mit ihm hat. So zumindest der Plan, denn die Bootcamps der USA sind keineswegs so erfolgreich, wie immer getan wird. Die durchschnittliche Rückfallquote der Insassen ist genauso hoch wie beim »normalen« Einknasten. Offener Vollzug und ähnliche Schmusepraktiken sind da wesentlich erfolgreicher, wie die Erfahrung in Deutschland gezeigt hat. Trotzdem ist der Aufschrei umso lauter, je sanfter man mit Straftätern umgeht. Als man hierzulande probierte, mit jungen Intensivtätern auf Mittelmeerinseln zu fahren, wo man sie monatelang mit Arbeit und Therapie auf den richtigen Weg bringen wollte, gab es kein Halten mehr: »Die fahren mit denen in Urlaub, von meinen Steuergeldern!« Tatsache ist, dass hier nicht Geld verschwendet, sondern gespart wurde. Die wenigsten ahnen, wie teuer der Strafvollzug ist. Ein Inhaftierter im Knast kostet 110 bis 120 Euro am Tag, in der Forensik sogar das Doppelte. Das entspricht dem Preis einer Karibikkreuzfahrt in der Balkonkabine. Nur dauern Kreuzfahrten meist nur 14 Tage, Haftstrafen mehrere Jahre. Für zwei Jahre Haft investiert der Staat etwa 100.000 Euro Steuergelder. Für einen einzigen Inhaftierten. Bei so viel Geld sollte man doch erwarten, dass die effektivsten Mittel eingesetzt werden, um den Häftling wieder stabil in die Gesellschaft zu entlassen – und wenn es eine Ballonfahrt in Australien ist. Das wäre eigentlich sogar besser als ein Hochsicherheitstrakt, denn in 200 Meter Höhe ist die Fluchtgefahr gleich null.

Letztlich geht es beim Vollzug nun mal um Resozialisierung. Und die – ob man das gut findet oder nicht – funktioniert eher durch Zuwendung und Therapie. Schinderei und Gebrüll, Liegestütze und Persönlichkeitsdemontage machen den Menschen fit für die simple Soldatenlaufbahn, aber nicht für das komplizierte Leben im sozialen Brennpunkt. Was tut man denn, wenn man keinen Job hat, der Nachbar seine Frau prügelt, die Heizung kaputt und die kleine Schwester schwanger ist? 30 Liegestütze helfen da jedenfalls auch nicht weiter.

Ich habe nach dem Studium drei Jahre bei einem freien Träger in der Erwachsenenbildung gearbeitet, der es jungen Menschen ermöglicht, Haupt- und Realschulabschluss zu erwerben. Um dort zu arbeiten, reichten Studium und ein dickes Fell. Alle, die das staatliche Schulsystem nach zehn Jahren ohne Abschluss ausgespuckt hatte, konnten zu uns kommen. Also als Schüler, nicht als Dozenten. Grundsätzlich freiwillig, allerdings hatten viele mit dem Jugendrichter den Deal »Schule oder Knast«, das war dann nicht mehr ganz so freiwillig. Dann gab es noch die Jungs, die täglich direkt aus der JVA Rosdorf zu uns kamen. Sie hatten vormittags Freigang, um bei uns zu lernen. Das waren harte Jungs, denn wer trotz milden Jugendstrafrechts Knast bekommt, hat nicht nur einer Oma die Handtasche stibitzt. Allerdings war das Verhalten der »Knastis« tadellos, denn das Privileg, zur Schule zu gehen, setzte keiner aufs Spiel. Zur Schule zu gehen hieß nämlich, Mädchen zu treffen.

Hier war ich Dozent für die Fächer Deutsch und Englisch. Manche der Lernenden kamen heulend in den Kursraum, andere legten den Kopf auf die Tischplatte und schliefen sofort ein, dank Antidepressiva. Ritzende Mädchen fehlten auch nicht sowie Suchtkranke, die vor dem Schulbesuch beim Hausarzt ihr Heroinsubstitut abholten. Kiffende Skater, Türken, Araber und Kosovo-Albaner im Duldungsstatus rundeten das Bild ab. Am meisten staunte ich über ein Phänomen, das meine älteren Kolleginnen und Kollegen »Wohlstandsverwahrlosung« nannten: Manchmal hatten wir es mit jungen Menschen aus materiell gut gestellten Verhältnissen zu tun, deren Eltern sich einen Scheiß um sie kümmerten. Zum Beispiel Sven (Name vom Autor gewürfelt), der ab und zu seinen Kampfhund mit in den Kurs brachte und als unbelehrbar galt: Er entpuppte sich als Sohn eines Naturwissenschaftlers. Das hätte ich im Leben nicht gedacht, denn sein Verhalten war so antisozial, dass sich noch der letzte Straßengangster über ihn beschwert hätte. Sein letztes Zeugnis aus der Hauptschule habe ich mir heimlich kopiert und den Namen geschwärzt, weil ich es für große Kunst halte. Da stand wirklich bei jedem Fach: »ungenügend«, er hatte nicht mal eine Gnaden-Fünf in Religion. Das Dokument sah aus wie konkrete Poesie, wie ein Gedicht von Ernst Jandl:

Deutsch:	*ungenügend*	*Mathematik:*	*ungenügend*
Englisch:	*ungenügend*	*Physik:*	*ungenügend*
Biologie:	*ungenügend*	*Sozialkunde:*	*ungenügend usw.*

Bei dieser Arbeit konnte man viel beobachten, staunen und lachen. Es fielen Sätze voller Poesie, die mich als Germanist schwer beeindruckten: »Das erste Mal im Leben, dass mein Vater aufhörte, mich zu schlagen, war der Moment, als er auf dem Boden lag und ich auf ihm saß.« Beim Durchgehen der Namensliste in einem neuen Kurs fragte ich einen Jungen: »Und wer bist du?« Antwort: »Ich bin Geschichte!« Der gute Sinn für Humor unter den Lernenden war erstaunlich. Eines Tages war David (Name aus dem Telefonbuch) stinksauer, weil seine Freundin ihn mal wieder versetzt hatte. Darauf meinte er zu Sven (dem mit den vielen »ungenügend«):

– Schon klar, das kannst du nicht nachfühlen.
– Wieso?
– Weil du noch nie versetzt worden bist.

Mein erster Kurs im Fach Englisch bestand fast nur aus Türken und Albanern. Die einzige Frau auf der Liste checkte am ersten Tag die Kursliste und tauchte nie wieder auf. Verständlich! Allein im Kurs mit 14 männlichen Systemsprengern, das war nicht der Weg zum Hauptschulabschluss, den sie anvisiert hatte. Der einzige Bio-Deutsche im Kurs war Thomas (Name zweimal von der Redaktion geändert und dann durch Manuel ersetzt). Wer hier also künftig gemobbt werden würde, war leicht zu erraten. Manuel kam aus üblen Verhältnissen, hatte aber ein stoisches Innenleben und war null aggressiv. Er grinste die Beleidigungen der anderen einfach weg und entwaffnete sie mit seiner ehrlichen Art. Beispiel:

Mustafa: Ey Manuel, deine Mutter ist eine Hure. [Gelächter]

Manuel: Lass mich in Ruhe!

Orcan: Ey Mustafa, Manuels Mutter kann keine Hure sein, die ist bestimmt viel zu hässlich, haha.

[Gelächter, dann fragende Blicke Richtung Manuel]

Manuel: Na ja, hübsch ist meine Alte echt nicht.

Mustafa: Was hast du gesagt? Ey, wie redest du von deiner Mutter!? Hast du kein' Respekt?

[Kopfschütteln]

In diesem Kontext bestand mein Job zu großen Teilen aus zuhören, Ratschläge geben und Klappmesser einkassieren. An guten Tagen kamen dann englische Adjektive zur Sprache. Komparation (Adjektive steigern) machte Spaß mit passgenauen Beispielsätzen wie »Mustafa's knife is bigger than Mario's knife.« Oder: »Life in the streets is bad. Life in prison is worse.«

Ich als Quereinsteiger versuchte einfach nur, den Überblick zu behalten. Ich war für die Lernenden der ruhige Kumpel, der nicht viel älter ist als sie, sich mit Hip-Hop auskennt und sie in Ruhe lässt, solange sie keinen Stress machen. Gab es am Wochenende eine Messerstecherei, wusste ich spätestens am Montagmorgen, wer dabei gewesen war. Einmal kam Murat (Name könnte stimmen oder auch nicht) auf mich zu und erzählte fuchsteufelswild:

Murat: Ey, typisch Bullen! Da wird ein Russe ins Bein gestochen, und die nehmen einfach Mario mit. Ohne Beweise. Wie ungerecht ist das denn!

Ich: Vielleicht war er's ja doch.

Murat: Quatsch, das war ich!

Ich: Ach so. Ja, das ist ungerecht.

Die Sozialpädagogen, mit denen wir zusammenarbeiteten, waren ein ganz anderes Kaliber als ihr Klischee. Keine schlaksigen Typen mit Jutetasche, selbstgedrehten Zigaretten und Verständnis für alles, sondern unbeugsame Dienstleister, die fördern und fordern. Die zu Betreuenden nannten sie ihre »Kunden«. Sozialpädagogen mit Kuschelambitionen waren längst von der harten Realität ausgemustert worden, denn die Klientel war viel zu clever für sie. Viele unserer Pappenheimer hatten seit frühester Kindheit Kontakt zu Sozialbetreuern und über die Jahre feine Antennen ausgebildet. So konnten sie die Sozialarbeiter dreist belügen und für ihre Zwecke ausnutzen. O-Ton Herr Müller aus der JVA: »Der Mario verarscht dich 24 Stunden am Tag! Wenn er könnte, auch länger.« Eigentlich Top-Skills für das gehobene Management oder wie ich zu Mario sagte: »Das Einzige, was dich vom Chefsessel im internationalen Drogenkartell trennt, sind deine fehlenden Spanischkenntnisse.«

Unterrichten war oft nicht möglich, und doch bestanden die meisten unserer Schützlinge am Ende die Abschlussprüfungen. Nicht selten war unsere Erfolgsquote besser als die der regulären Schule. Die beste Kritik bekamen wir aber von einem Polizisten. Er sagte zu uns Dozenten: »Mit Ihrem Job ersparen Sie uns einen Haufen Arbeit.«

Kulinarisches

Mal ehrlich: So gut wie heute war das Essen noch nie. Und so vielfältig! Wollen Sie noch mal zurück in die Fünfziger? Zu »Himmel und Erde« und Hühnerfrikassee? Sushi oder Shawarma hätte man damals noch für indische Gottheiten gehalten. Je weiter man in unserer Geschichte zurückgeht, desto trostloser wird es auf dem Teller.

1492 setzten wir Europäer den ersten weißen Käsefuß auf südamerikanischen Boden und holten uns die Kartoffel; im Austausch beglückten wir Inkas und Azteken mit todbringenden Krankheiten. (Wir hatten halt sonst nichts dabei und wollten nur höflich sein, sorry!) Erst durch die Kartoffel fanden wir Deutschen so richtig zu uns selbst, weshalb unsere zugewanderten Mitbürger uns in liebevoller Abschätzigkeit nach ihr benennen: »Kartoffel«. Warum nicht? Die Kartoffel ist doch eine tolle Knolle, anpassungsfähig und robust. Sie ist äußerlich keine Pracht, aber dafür extrem wandelbar: Knödel, Fritten, Chips, Bratkartoffeln und vieles mehr: Was hätten wir uns gelangweilt, hätte Kolumbus nicht die Kartoffel entdeckt! Auch wenn er fälschlicherweise glaubte, sie in Indien gefunden zu haben. Essen ist doch immer Multikulti. Essen Sie eine Currywurst mit Pommes rot-weiß, und an Ihrem Gaumen trifft sich die halbe Welt:
Deutschland (Schwein)
Amerika (Tomate, Ketchup, Kartoffel)
Indien (Currygewürz)
Belgien (Pommes)
Frankreich (Mayonnaise)
Leverkusen (Antibiotika)

Selbst im rechtsextremen Kühlschrank ist vieles gar nicht so deutsch, wie sein Besitzer es vielleicht gerne hätte. Selbst »Gurke« und »Quark« sind slawische Fremdwörter, weil beide Lebensmittel aus Osteuropa eingewandert sind. Wer auch am Esstisch dem Vaterland treu bleiben will, dem bleibt wohl nur die Steckrübensuppe.

Die Fressschleusen der Bundesrepublik öffneten sich endgültig in den Fünfzigern, als Deutsche im Italienurlaub die Ravioli entdeckten. Irgendwer klaute das Rezept und verkauft seither glibbrige Pasta in Tomatenmatsch. »Dosenravioli« haben weder Stil noch Geschmack, sind aber billig und machen satt. Dosenravioli sind die Jogginghosen der Kochkunst. Wer so was isst, hat die Kontrolle über seine Küche verloren. Aber mit ihnen begann der Siegeszug fremder Köstlichkeiten auf deutschem Boden. Als ich zur Welt kam, war Exotik auf dem Teller selten, das sogenannte Zigeunerschnitzel war das höchste der Gefühle. Seitdem ist unfassbar viel passiert. In der Großstadt fand man damals vielleicht einen Italiener, heute gibt es in Deutschland mehr »Da Claudio« und »Eiscafés Venezia«, als es Italiener gibt. Ihnen folgten schon bald Jugoslawen und schließlich die unvermeidlichen Griechen, die mit ihrer »Schlemmerplatte Akropolis« den deutschen Magen in die Knie zwingen. Vier Sorten fettes Fleisch auf engstem Raum – mehr geht nicht. (Bergsteiger mit extrem hohem Energiebedarf gehen vor der Achttausenderbesteigung noch mal zum Griechen, um ordentlich Kalorien zu tanken, dann noch einen Ouzo als Beschleuniger, und ab zum Nanga Parbat. Gefährlicher Nachteil: Bergsteiger mit Atemmaske ersticken immer wieder am eigenen Zaziki-Atem.)

Unter Gastarbeitern begann ein knallharter Wettlauf um die Gunst des deutschen Gaumens. Die Türken hatten sich inzwischen herangepirscht und mopsten dem griechischen Erbfeind sein liebstes Spielzeug, den Gyrosspieß, sie ersetzten das Schwein durch Hammel und nannten es »Döner Kebab«. Anfangs war es nur knorpeliges Glibberfleisch und hatte gegen das gut gewürzte Gyros sozusagen keine Schnitte. Aber die Türken ließen nicht locker und schredderten Tag und Nacht in Kreuzberger Hinterhöfen den Hammel, sie tüftelten am ultimativen Rezept, das von Berlin aus die Welt im Sturm erobern sollte. Dann war es so weit, und die deutsche Jugend hatte ihren neuen Fleischfetisch. Döner war bald der kulinarische Punk. Vor der Disco, nach der Disco und auch zwischendurch: »Einmal Döner, alles drauf!«, das war der Schlachtruf der Generation X. In den Neunzigern aßen Studenten wie ich Unmengen Kreuzberger Pressfleisch; ich ernährte mich fast ausschließlich von Döner, körperlich war ich halb Türke. Anfang der Nullerjahre konnte man in Berlin Döner für einen Euro kaufen. In Köln kostete er schon vier oder fünf Euro. Das brachte mich auf die geniale Geschäftsidee, in Berlin 100 Döner für 100 Euro zu kaufen, nach Köln zu fliegen und sie dort für 500 Euro weiterzuverkaufen. Arbeitstitel: *DönAir Berlin*.

Aber das Rennen um die kulinarische Hegemonie war noch lange nicht zu Ende. Die Araber grätschten von der Seite rein mit Shawarma, lockten die Vegetarier mit knusprigem Falafel, die Türken konterten mit der »Vegetarischen Dönertasche«, plötzlich trat noch der rätselhafte Halloumi auf den Plan, ein gummiartiger Grillkäse, man weiß gar nicht, woher. Aus Persien vielleicht? Unwahrscheinlich, denn die Iraner waren sich für Imbissbuden immer zu fein. Für sie kommen bestenfalls hochpreisige Restaurants infrage, von denen 90 Prozent »Soraya« heißen. Aber zurück auf die Fressmeile: Ganz dicht an der Wand schlichen sich Kombattanten auf die Bildfläche, die keiner auf dem Zettel gehabt hatte: emsige Asiaten. Plötzlich waren sie da: Chinesen, Thais, Japaner, Vietnamesen. Unauffällig, wie es ihre Art ist, besetzten sie ein Gutteil des großdeutschen Imbissterrains. Sie sind hochbelastbar und brauchen nur wenig Ruhephasen. Vier Stunden Schlaf gegenüber 20 Stunden am Herd: Das nennt man in Asien eine *Wok-Life-Balance*. So graben Chinesen und Thais den Dönerbuden und Pizzaständen langsam das Wasser ab, um es sozusagen in ihre Reisfelder umzuleiten. In ihrem Windschatten haben auch die Japaner ihren rohen Fisch in deutsche Fußgängerzonen geschmuggelt, vom exklusiven Yuppie-Happen zum Fast Food deutscher Shoppingmalls. Asiaten schafften es bis in die buchstäblich letzten Winkel der Welt, selbst in Reykjavik und Spitzbergen gibt es ein thailändisches Restaurant.

Mäßig kreativ, aber mit großem Werbeetat, runden die drei US-amerikanischen Riesen das Bild ab. McDonald's und Burger King mit seelenlosen Hackfleischkreationen, Kentucky Fried Chicken mit Schlachtabfällen aus der Hühnerzucht. Außer Weizenmehl und Zucker hat die US-amerikanische Küche nicht viel zu bieten, wichtig sind ihre Filialen trotzdem, als Treffpunkt für die Jugend. Hier kann man noch abhängen, wenn das Jugendzentrum längst geschlossen ist. Hier gibt es freies WLAN, und eine leicht süßliche Luft weht um das Gebäude, als würde man Muttermilch atmen. Die US-Ketten wissen am besten, wie Kundenbindung geht: über positive Kindheitserinnerungen an Spielzeug und Ketchup, selbst entschlossene Antiamerikaner können sich dagegen nicht wehren.

Je größer die Stadt, desto globalisierter die Küche. Verblüfft war ich, als ich ausgerechnet im politisch ambivalenten Chemnitz einen ausgezeichneten Inder entdeckte. Während ich auf mein Paneer Korma wartete, ließ ich den Blick über die Bilder auf der Tapete wandern und entdeckte einige hinduistische Hakenkreuze, sogenannte Swastikas. Kann es sein, dass der Wirt mit diesen Symbolen Sympathiepunkte gesammelt hat, Hautfarbe hin oder her? »Sind wir nicht alle Arier?« – Nein, wir sind alle Menschen, die gerne mal dies und mal das probieren. Und so kann es ja sein, dass ausländische Restaurants in deutschen Städten – auch im Osten – so normal geworden sind, dass man sie so fremd gar nicht mehr wahrnimmt. So wie die Gewürze im guten deutschen Spekulatius. So wie ein Eintopf aus südamerikanischen Knollen mit asiatischem Pfeffer nichts anderes ist als eine deutsche Kartoffelsuppe. So wie wir wissen, dass auch der schlimmste Fascho gerne mal Döner isst. Oft ist der Magen schon weiter als der Kopf.

Partywissen: Fish & Chips und Palatschinken

Nach London kamen in der frühen Neuzeit Flüchtlinge aus Frankreich, die Hugenotten. Sie konnten die Sprache nicht und wurden gemieden. Dann kamen noch die Juden aus Osteuropa, die vor den Pogromen flüchteten. Auch sie wurden kritisch beäugt. Die Hugenotten fingen an, ihre Kartoffeln in Streifen zu schneiden und in Öl zu frittieren. Die Juden machten dasselbe mit dem Fisch. Gemeinsam schufen sie also das urenglische Gericht Fish & Chips.

Dass der österreichische Palatschinken gar kein Schinken ist, sondern vom ungarischen »palacsinta« (Pfannkuchen) herrührt, weiß man allgemein und bestellt die leckere Süßspeise natürlich erst zum Dessert; dass aber das ungarische »palacsinta« vom lateinischen Wort für Kuchen abstammt, nämlich »placenta«, sollte man beim gemütlichen Abendessen an der Donau besser verschweigen, wenn man nicht gerade mit Gynäkologen am Tisch sitzt.

Rauchen

2001 – Odyssee im Weltraum ist der einzige Film der Sechzigerjahre, in dem nicht geraucht wird. Ansonsten: quarzende Cops, hustende Helden, verrauchte Verhandlungszimmer. Den absoluten Raucherrekord der Filmgeschichte setzte Godards Meisterwerk *Außer Atem*. Der Titel ist Programm, Jean-Paul Belmondo klemmt sich in dem Film Hunderte von Zigaretten zwischen die wulstigen Lippen. Die Dreharbeiten müssen für ihn eine geradezu körperliche Herausforderung gewesen sein, und ich kann mir denken, was er sagte, wenn eine Szene endlich im Kasten war: »Jetzt erst mal 'ne Fluppe!«

Neulich war ich mit Freunden in einer Berliner Raucherkneipe. Die gab es auch früher schon, sie hießen nur anders: Kneipe. »Raucherkneipe«, noch vor 20 Jahren hätte ich den Sinn dieses Wortes gar nicht begriffen. Das ist doch doppelt gemoppelt, hätte ich gedacht, wie »weißer Schimmel« oder »Trinkcafé« oder »Politskandal«. So haben sich die Zeiten geändert. Wir denken heute anders über das Rauchen. Früher haben wir gar nicht gedacht. Wir haben geraucht.

Die erste Zigarette ist ein bisschen wie der erste Sex: Die Eltern dürfen nichts davon wissen, es schmeckt merkwürdig, man ist dabei noch sehr ungeschickt, aber man will es endlich auch mal machen, weil das Erwachsensein ist. Die Uncoolen trauen sich nicht, die Coolen machen es ständig. Viel zu lange war Rauchen Ausdruck von Coolness und Männlichkeit. Wer bei uns im Dorf einigermaßen ernst genommen werden wollte, brauchte Kippen. In der Mitte des 20. Jahrhunderts war die Qualmwolke über Deutschland am größten. Ich las einmal, dass es schon während der Nazizeit als Zeichen der Emanzipation galt, wenn man als Frau rauchte. Und wer die alten Fotoalben durchblättert, findet spätestens in den Fünfzigerjahren maximal überquellende Aschenbecher auf Partybildern. Der Rock 'n' Roll kam nach Deutschland, und plötzlich pafften alle Jugendlichen. Wer nicht rauchte, war so uncool wie Peter Kraus, und ich wette, selbst der hat geraucht. Weil einfach alle rauchten.

Peter ist ein Mensch.

Menschen rauchen.

Peter ist Raucher.

So begannen damals Logikseminare im Philosophiestudium. Später in der Mensa diskutierten die Studenten über das Gelernte und rauchten dabei – logisch. Abends ging man in den Jazzkeller, schnippte mit den Fingern und rauchte.

30 Jahre später kam auch ich ins Raucheralter, hielt mich aber noch zurück, weil ich lieber Sport machte. Montags und mittwochs ging ich zum Tischtennis ins Dorfgemeinschaftshaus. Bevor es an die Tischtennisplatte ging, wurden wir mit Gymnastik, Konditionstraining und Völkerball ausgepowert. Wenn wir alle so richtig durchgeschwitzt waren, gingen die Älteren erst mal vor die Tür: Zigarettenpause. Nach dem Training schulterte ich meine Adidas-Tasche und ging zum Fahrradständer, wo schon einige aus der Herrenmannschaft standen und rauchten. Einmal kam ich an einem Mittwochabend spät von einer Party nach Hause mit nach Rauch stinkenden Klamotten. Meine Mutter: »Das Training heute ging aber lange!«

Damals waren Sport und Rauchen eben noch kein Widerspruch. Carlo Thränhardt, in den Achtzigern zweifacher Olympiateilnehmer im Hochsprung, rauchte auch gerne mal. Und HSV-Trainer Ernst Happel qualmte wie ein Schlot, während er auf der Trainerbank das Spiel verfolgte. Einmal unterbrach der Schiedsrichter ein Pokalspiel mitten im Elfmeterschießen wegen schlechter Sicht durch Happels Zigarettenrauch. Happel tobte. Manni Kaltz entwickelte eine Schusstechnik, mit der er um die Happel'schen Qualmwolken herumschießen konnte – die Bananenflanke war geboren.

Alle rauchten: Taxifahrer beim Taxifahren, Bauarbeiter beim Bauen, Gitarristen beim Gitarrespielen, Talkshowgäste beim Talken, und Helmut Schmidt rauchte einfach immer. Nicht zu vergessen die Schriftsteller. Heinrich Böll war ohne Zigarette gar nicht denkbar. Die »Stern«-Redaktion fiel auf die gefälschten Hitler-Tagebücher herein, aber ein Böll-Foto ohne Zigarette hätte selbst der Meisterfälscher Kujau ihnen im Leben nicht andrehen können. Hitler war übrigens Nichtraucher.

Im Film- und Fernsehbusiness war die Sache auch klar: Wer nicht rauchte, bekam keine Rollen angeboten. Judy Winter spielte in den Siebzigern in jedem zweiten TV-Krimi mit – nicht weil sie die beste Schauspielerin war, sondern weil sie quarzte wie ein Kerl. Wurde sie als Verdächtige befragt, ging sie verschlagen im Zimmer auf und ab und rauchte; wurde ihr im nächsten Film mitgeteilt, dass man die Leiche ihres Mannes gefunden hatte, sank sie kraftlos auf der Couch zusammen und rauchte. Immer rauchte sie. Das fiel nur damals nicht auf, weil alle rauchten.

Lehrerinnen und Lehrer rauchten. Lehrerzimmer waren bis weit in die Achtzigerjahre Räucherkammern mit randvollen Aschenbechern. Fleischfabrikanten kooperierten mit einem Netzwerk von Schulen, in deren Lehrerzimmern sie ihre Würste aufhängten. Ob Thüringer Pfefferbeißer, Kümmelknackwurst im Ring oder Zapfensalami – all diese Leckereien hätten ohne quarzende Studienräte niemals ihr einzigartiges Aroma bekommen, um das uns die ganze Welt beneidet. Die Schüler rauchten natürlich auch, die ab 16 in der Raucherecke, die Jüngeren durften noch nicht, also rauchten sie hinterm Busch bei der Sporthalle. Das Versteck war lachhaft, aber sie flogen niemals auf, weil sie von Lehrkräften gedeckt wurden, die offiziell das Rauchen aufgegeben hatten, aber hinter der Sporthalle heimlich weiterpafften.

In den Achtzigerjahren wurden die rauchenden Lehrer dann erstmals in ein eigenes Raucherzimmer abgeschoben. Ein Feldzug begann, der bald Rauchern auf der ganzen Welt die schleimige Kehle zuschnüren sollte.

Ich fing erst Anfang der Neunziger mit dem Blödsinn an. Das veränderte mich schnell, Raucher sind ganz anders als normale Menschen. Das kann man wissenschaftlich nachweisen; ich zum Beispiel habe den Begriff der »Automaten-Relevanz-Kurve« geprägt. Sie beschreibt folgendes Phänomen: Zeigte man Nichtrauchern Geld auf dem Tisch, beschleunigte sich ihr Puls, je höher der Betrag war. Mehr Geld, mehr Puls. Nicht so bei Rauchern. Bei Ein-, Zwei- und Fünfmarkstücken ratterte ihr Puls, nicht aber bei den wertvolleren Scheinen. Denn nur die drei Münztypen konnte man damals in den Kippenautomaten stecken, sie waren »automatenrelevant«.

Wer das lächerlich findet, kennt die Nöte von Rauchern nicht. Hatte man nach Ladenschluss kein Münzgeld mehr, war man als Raucher im Dorf aufgeschmissen. 24-Stunden-Tankstellen waren unbekannt. In einer tiefschwarzen Winternacht passierte es mir: keine Kippen und kein Kleingeld mehr. Zum Glück hatte mein Kumpel Stefan die rettende Idee. Wir liefen mit einem Zehnmarkschein zum Ticketautomaten am Bahnhof, lösten die billigste Fahrkarte zum Nachbarort, schmissen sie weg und sackten das Wechselgeld ein. Zehn Minuten später saßen wir zufrieden rauchend auf dem Sofa. Bestimmt hatten viele dieselbe Idee wie wir, und bei der Deutschen Bahn wurde man langsam unruhig: »Seltsam, wir verkaufen jede Menge Tickets, aber die Züge sind leer ...« Eine SOKO wird einberufen. Beamte finden Unmengen weggeworfener Fahrkarten, ungestempelt. Immer wieder lösen Menschen ein Kurzstreckenticket, schaffen es aber nie bis in den Regionalexpress – warum? Gerüchte um den »Bahnhofskiller« werden laut.

Öfter noch war das Problem umgekehrt, ich hatte Kippen, aber kein Feuer. Dann musste ich improvisieren, oder wie der Raucher sagt: »Not schmacht erfinderisch.« Jede mögliche Feuerquelle habe ich irgendwann mal angezapft: Kerzen, Öllampen, den Schacht eines Toasters oder eine Herdplatte: Wenn sie heiß genug ist, kann man sich ganz einfach eine anstecken, man muss nur mit dem Gesicht sehr nah dran, um an der Zigarette zu saugen, und so für Sekunden eine teuflische Hitze ertragen können; wer das schafft, ist Profiraucher – oder Stahlarbeiter.

Aber die Deutschen rauchen immer weniger: Im Jahr 2000 noch jeder dritte Deutsche, heute ist es kaum jeder Vierte. Im Fernsehen ist Rauchen tabu. Nach dem Tod von Helmut Schmidt wurde der letzte Aschenbecher beim ZDF feierlich entsorgt. Manchmal, wenn ich zum Himmel sehe, denke ich an den großen Staatsmann – besonders, wenn es bewölkt ist. Kettenraucher gab es viele, aber Schmidts Kette war die längste von allen. Insider munkeln, dass sogar in der Dusche des »Mentholmagiers« ein Aschenbecher installiert gewesen sei. In Zügen und Flugzeugen gibt es schon lange keine Raucherbereiche mehr. In alten Fahrstühlen müssen Eltern ihren Kindern erklären, dass dieses Edelstahltöpfchen an der Wand kein Vogelhäuschen ist. Raucherbeine findet man heute nur noch in Formalin eingelegt, in irgendeinem Kellerregal der Charité, aber nicht mehr am lebenden Objekt. Im Restaurant schnell noch eine anstecken, bevor der Hauptgang kommt: undenkbar. Rauchen ist heute ein Anachronismus, ein bisschen wie »Wetten, dass ...?« – früher beliebt bei Alt und Jung, wer nicht mitreden konnte, war raus. Aber die goldenen Zeiten sind lang vorbei, und wieder damit anzufangen wäre irgendwie falsch. Jugendliche rauchen heute so wenig wie noch nie. 2001 waren es noch 28 Prozent der unter 18-Jährigen, heute nur noch 7 Prozent. Zigaretten passen nicht mehr zum frischen Duschgelduft der Fitnessstudios. Das Sixpack ist die neue Zigarettenschachtel, Erwachsenwerden heißt heute nicht rauchen, sondern pumpen. Elfjährige trafen sich früher im Park, um heimlich zu rauchen – heute machen sie Push-ups an der Parkbank. Und wer auf Tinder mit Fluppe im Gesicht erscheint, kann sein Profil gleich wieder löschen – besser noch die Fluppe, denn Raucher sind heute schwer vermittelbar. Der Coolnessfaktor der Zigarette hat sich in Luft aufgelöst – in sehr frische Luft.

Witze

Witze sind ein ernstes Thema. 1989 auf einer Kirchenfreizeit erzählte ich unserem Diakon einmal folgenden Witz: »Wie bringst du sechs Schwarze davon ab, eine Frau zu überfallen? Wirf ihnen 'nen Basketball zu!« Seltsam, der Diakon lachte überhaupt nicht, sondern sah mich an, als hätte ich gerade in die Sakristei gekackt. Voller Scham schreibe ich heute diese Episode auf, mit der Bitte um Nachsicht. Wenn ich zugebe, dass auch ich kein Engel war, wird vielleicht umso deutlicher, dass wir Deutschen auch beim Lachen einmal wesentlich unzivilisierter waren. Uns also auch hier gebessert haben.

Henning Schmidtke fand also rassistisch-sexistische Witze gut. Und das ist verwunderlich, denn die Helden meiner Kindheit waren fast allesamt Afroamerikaner. Sie abzuwerten, dafür bestand gar kein Anlass – eher umgekehrt. Alle, die was draufhatten, waren Schwarze, so mein positiv rassistischer Eindruck damals. Als Grundschüler war ich vernarrt in alten Jazz und Rhythm & Blues, ich liebte Chuck Berry, ich kaufte mir im Rewe-Markt die »Greatest Hits« von Little Richard. Satchmo und Ella Fitzgerald fand ich toll. Der beste Gitarrist der Welt, so erfuhr ich bald, war Jimi Hendrix. Er hat seine Gitarre angezündet. Das wollte ich unbedingt auch mal machen, zumal ich Klavier spielte und ein Klavier wesentlich länger brennt. Ich hatte auch eine LP aus dem Bertelsmann-Katalog bestellt, auf der Rassismus offen thematisiert wurde. Die Plattenhülle zeigte ein Originalplakat aus den Fünfzigerjahren, das die Amerikaner mahnte: »Don't buy negro records!« Clyde McPhatter, Lou Brown, The Platters und viele andere auf der Platte waren klingende Argumente dafür, es doch zu tun. Ich hörte diese Scheibe rauf und runter und irritierte die Lehrkräfte in der Grundschule, wenn ich auf dem Pausenhof den einzigen englischen Satz rief, den ich kannte: »Don't buy negro records!«

Und dann waren da noch die afroamerikanischen Leichtathleten: Carl Lewis gewann 1984 vier Goldmedaillen in Los Angeles und war mein Held. Edwin Moses, den Star über 400 Meter Hürden, bewunderte ich für seine kühle intellektuelle Art. Er war es auch, der als Erster den positiven Rassismus kritisierte: »Schwarze sind nicht von Natur aus schneller, man findet nur so viele schwarze Weltmeister in den Laufwettbewerben, weil Laufen der billigste Sport ist. Du brauchst nur ein Paar Schuhe.«

Das Übel des Rassismus war mir also geläufig, Afroamerikaner waren Helden für mich, und doch erzählte ich miese Witze über gewaltbereite Schwarze. Und warum da unbedingt eine Frau das Opfer sein musste, hinterfragte ich auch nicht. Was war denn los mit mir? Natürlich war es die Gedankenlosigkeit eines unsensiblen Pubertierenden, aber vor allem hatte es mir die zweite Hälfte des Witzes angetan: Vor meinem geistigen Auge sah ich sechs coole Typen aus der Bronx, die zusammen Spaß haben beim Basketball. Man kann auch sagen, ich sah den Witz als eine Geschichte, die schlimm anfängt, aber gut aufhört. Das rassistische Vorurteil übersah ich einfach. Aber vielleicht auch nicht, denn die Lust an der Grenzüberschreitung kann ich nicht leugnen, schließlich bin ich auch deshalb Komiker geworden.

Witze zu machen ist heute kompliziert, weil die Gesellschaft zunehmend empfindlicher geworden ist. Das ist erfreulich, aber manche Leute übertreiben es auch und lachen nicht mehr, sobald man nur »Lesbe« sagt oder »Israel« oder »Fleischesser« – ganz egal, was dann noch kommt, diese Leute sind dann stinkig. Übrigens, kennen Sie den? Eine Lesbe, ein Israeli und ein Fleischesser sitzen im Flugzeug, als plötzlich ... Schon gut! Jedenfalls: Der Witz ist eine dreckige Kunst. Wenn Sie wollen, dass niemand verletzt wird, dass kein Gürtellinienrichter die Flagge hebt, dass alles politisch keimfrei bleibt – dann lesen Sie doch einfach ein paar Gedichte von Eichendorff! Apropos Gedicht:

Wenn einer eine Maid vertrimmt
Und ihr dabei die Unschuld nimmt
Und wirft sie nachher auf den Dung
Das nennt man Vergewaltigung.

Dieses frauenverachtende Machwerk habe ich nicht aus dem Darknet, sondern aus meiner Kindheit, und heute muss man ergänzen: Ja, diese Zeilen sind lustig gemeint, und sie wurden auch so verstanden: als Witz. Neben Otto Waalkes gab es noch einen zweiten Giganten auf dem Markt der humoristischen Tonträger, nämlich Fips Asmussen, und von ihm stammt dieser Reim. Unzählige Male hörte ich als Grundschüler Asmussens Vierzeiler auf Kassette und wie sein Publikum herzlich darüber lacht. Das waren die Siebzigerjahre, das war vor #MeToo, und es war richtig scheiße! Aber diese Zeiten sind vorbei, und wer heute so ein Gedicht twittert, kann es sich für den Rest seines Lebens im Panic Room gemütlich machen – ein Fortschritt.

Fips Asmussen war Deutschlands erfolgreichster Witzeerzähler. Diese aussterbende Gattung der Unterhaltungsbranche lehnt in irgendeiner deutschen Mehrzweckhölle am Stehtisch, nippt am Pils und startet den Pointenaufbau mit Formeln wie:

Kommt ein Mann zum Arzt ...
Geht 'ne Frau zum Bäcker ...
In der Hochzeitsnacht sagt er zu ihr ...

Asmussen war handwerklich durchaus professionell. Sein Tempo war enorm und die Qualität durchwachsen, reichlich flache Kalauer wechselten sich ab mit brauchbaren Pointen. Einige sind so gut, dass Kollegen von mir sie heute noch erzählen. Aber vor allem verraten die Witze eine Menge über die Zeit, in der sie entstanden sind. Bei Asmussen stach ein Thema besonders heraus: die Ehe zwischen Mann und Frau als Hölle auf Erden.

- Liebling, siehst du, wie mich die Wellen küssen?
- Ja, und draußen brechen sie dafür.
- Herr Kommissar, ich möchte meine Frau als vermisst melden.
- Wann haben Sie bemerkt, dass sie weg ist?
- Heute Morgen, als ich das letzte saubere Hemd aus dem Schrank nahm.

Mann nach Weisheitszahn-OP im Zug. Der Schaffner kommt und sagt:

- Ich muss Ihnen eine traurige Mitteilung machen, Ihre Frau hat die Toilettentür mit der Waggontür verwechselt und ist aus dem fahrenden Zug gefallen.
- Aufgerefnet jetzt, wo iff niff lachen kann!

Mit neun Jahren beschloss ich, niemals eine Frau zu heiraten (außer Pippi Langstrumpf, denn die kann an der Decke laufen, sicher ein toller Partygag bei Racletteabenden). Ein derart trostloses Schauspiel gegenseitiger Verachtung wie die Ehe wollte ich mir nicht antun. Heute sehe ich das Ganze historischer, noch bis in die Siebzigerjahre war es kaum möglich, sich zu trennen. Zumal die Frau danach materiell mit nichts dastand, sie würde so lange durchhalten, wie es irgend möglich war. Die Liebe ist lang vorbei, im Bett läuft sowieso nichts mehr, aber man ist ein Leben lang aneinandergekettet: Das ist so tragisch, dass es komisch werden muss. Diese Distanz schafft der Witz, und deshalb waren Asmussens Witze ein gutes Ventil für den Druck der inneren Widersprüche. Heute sind solche Witze selten geworden, denn Scheidung ist kein Stigma mehr. Sie werden zwar noch erzählt, aber das hat eher folkloristische Züge: Zynische Witze über das Ehegefängnis gehören einfach zu einem Comedyabend.

Aber heiraten würde ich trotzdem nicht, denn die Rechtslage hat sich geändert, zugunsten der Frau, und nach der Scheidung wäre ich materiell erledigt; mir bliebe nichts außer meinen Fips-Asmussen-Kassetten. Nun aber zum härtesten Teil des Kapitels.

Wie viele Juden passen in einen VW-Käfer? – 20. Zwei vorne, drei hinten und der Rest in den Aschenbecher.

Dieser, nun ja, »Witz« ist Teil meiner Kindheitserinnerungen, Kapitel Grundschule, und ich würde die Erinnerung gerne löschen, wenn ich könnte. Die Geschmacklosigkeit ist unerträglich, und angesichts des Fortlebens von Antisemitismus im Land der Öfen muss man sich fragen, ob man das noch veröffentlichen kann, auch als Zitat. Ich habe mich dafür entschieden, weil es zu einer offenen Gesellschaft wie unserer gehört, auch die unangenehmsten Dinge zu diskutieren. Außerdem ist ein Witz kein Gift, das uns alle kontaminiert. Es ist auch durchaus möglich, dass der Urheber der Pointe selbst kein Judenhasser war, der Witz ist in all seiner Geschmacklosigkeit ja grauenhaft wahr und könnte so als Ventil für den Horror der Vernichtungslager interpretiert werden, wenn auch als maximal zynisches. Es geht mir nicht darum, irgendjemanden zu rehabilitieren, lediglich um die historische Einordnung. Wenn wir heute sagen: »Über Vergewaltigung macht man keine Witze und über die Judenvernichtung schon gar nicht«, dann ist es wichtig, sich klarzumachen, dass das früher sehr wohl möglich war.

Mit Witzen wurden bestimmte Volksgruppen als dumm abgestempelt. Beispiel: Ostfriesenwitze. Ähnliches gab es auch in anderen Ländern, in Österreich waren es die Burgenländer, und in Frankreich war der Belgier immer der Dumme. In meiner Jugend verlor der Ostfriesenwitz langsam seinen Reiz, sicher auch, weil inzwischen durchgesickert war, dass Ostfriesen gar nicht dümmer sind als andere. (Das meine ich sogar ernst; wenn ich als Kind an Ostfriesen dachte, waren in meinem Kopf keine Bilder von Biochemikern, sondern von Deppen in Gummistiefeln, was eben auch den vielen Witzen geschuldet war.)

Nun kam der Blondinenwitz auf, der unterm Strich nichts anderes war als ein frauenfeindlicher Witz; die Beschränkung auf Blondinen war ja nur ein Trick. Fairerweise wurde gleichzeitig das männliche Gegenstück populär: der Mantafahrerwitz. Beide demonstrierten immer nur die grenzenlose Doofheit von Blondine oder Mantafahrer. Interessante Überraschung: Witze über Ausländer gab es erstaunlich wenige. Erst der Polenwitz in den Neunzigerjahren müffelte wieder

unangenehm nach Ausländerfeindlichkeit. Ausgerechnet Harald Schmidt, Kühlerfigur des anspruchsvollen Entertainments, wurde nicht müde, in seiner Show das Klischee vom Auto klauenden Polen zu bedienen. Klar, es war alles nur Spaß, aber ich erlebte in fast allen Begegnungen mit Polen in Deutschland, wie unfassbar kränkend das für die Betroffenen war. Heute ist auch das vorbei. Na ja, fast. Polenwitze brachte vor zehn Jahren mein Kollege Marek Fis zurück auf die Bühne. Da er selber Pole ist, zitiere ich ihn gern:
»Ich freue mich, heute Abend hier zu sein. Jetzt kann ich auch mal die Gesichter zu all den Autos sehen.«

Auch Kollegen anderer Herkunft schmuggeln reaktionäre Witze über ihre Ethnie ins eigene Programm. Wenn die Betroffenen selbst diese Witze machen, passiert etwas Merkwürdiges: Das Publikum kann jetzt über einen Witz lachen, den es bei einem Deutsch-Deutschen hätte ablehnen müssen, aber es ist derselbe Witz! Der Autowitz aus dem Mund des Polen Marek Fis hat fast schon etwas Sympathisches. Auch wenn er ihn wahrscheinlich irgendwo geklaut hat.

Wie die Welt sich ändert, so ändern sich auch die Witze beziehungsweise verschwinden. Fips Asmussen gibt es heute noch, aber die Menschen erzählen sich keine Witze mehr. Das macht das Handy. Texte, Cartoons, Clips, GIFs, Memes: Alles wird geteilt und gezeigt. Leider. Einmal spielte ich mein Soloprogramm in Osnabrück vor wenig Publikum. Zum Glück saßen vorne am ersten Tisch drei Männer Anfang 20 die ganz gut mitgingen. Aber sie wurden auch zunehmend unruhiger, und als ich in der zweiten Hälfte eine sehr ruhig-nachdenkliche Passage begann, passierte es: Einer zückte sein Handy und zeigte den Kollegen irgendein Video – mit Ton! Der war so laut, dass einige Zuschauer dachten, das sei Teil meiner Show. Das erste Mal im Leben stand ich sprachlos auf der Bühne. Dann unterbrach ich mein Schweigen und faltete die Spaßvögel zusammen, so freundlich es noch ging – ich brauchte wirklich jeden Einzelnen an dem Abend. Nach dem Gig kam der Veranstalter in meine Garderobe und meinte, die drei wollten noch mal mit mir sprechen. Ich lehnte ab. »Du hast denen nichts mehr zu sagen?«, fragte der Veranstalter. Ich: »Doch, aber ich mach das per Video.«

Reaktionäre Witze werden noch manchmal aus der Mottenkiste gekramt und als Aufmerksamkeitsmunition verwendet. Nichts knallt besser als ein Skandal mit Shitstorm und nicht enden wollenden Debatten. Jeder Gag wird kritisch beäugt und bei Bedarf durch die digitalen Empörungsschleusen gejagt. Darf man das? Wird jemand beleidigt? Oder wie ist das gemeint? Leider nutzen einige prominente Witzemacher diese Mechanismen gerne aus, indem sie mit fragwürdigen Pointen eine Schlammschlacht im Netz auslösen und anschließend die Aufmerksamkeitswelle reiten. Aber das kommt eher selten vor, und außerdem sind Witze dank der Öffentlichkeit im Netz gute Debattenbeschleuniger, und Debatten brauchen wir, denn so verhandeln wir die Regeln unserer offenen Gesellschaft.

Comedians nehmen heute die Rolle des moralischen Leuchtturms ein. Politische Statements von meinen KollegInnen Ralph Ruthe, Carolin Kebekus, Ingmar Stadelmann, Christoph Sieber, Abdelkarim und vielen anderen werden tausendfach in den sozialen Medien geteilt. Weil die ARD anlässlich des Todes von George Floyd im Mai 2020 keinen *Brennpunkt* gemacht hatte, tat die darüber empörte Carolin Kebekus das schließlich selbst. Die Vorstellung, Mike Krüger hätte vor 25 Jahren Ähnliches im Fernsehen veranstaltet, ist so bizarr, dass man lachen muss. Damals waren die medialen Strukturen anders; politische Kommentare wurden von Komikern einfach nicht erwartet.

Die schmuddelige Tradition des künstlerischen Diskriminierens hat indes überlebt, als letzte Daseinsberechtigung des Gangsta-Rap. Gangsta-Rapper zelebrieren vermurkste Reime und springen auf Tabus wie Kinder in Pfützen. »Mein Körper definierter als von Auschwitzinsassen«, mit diesem Geschmackslimbo hat Farid Bang 2017 gutes Geld gemacht. Im Jahr darauf zerstörte dieser Fauxpas den Echo Award, der öffentliche Druck wuchs, und Farid Bang und sein Kollege Kollegah besuchten reumütig das Vernichtungslager von Auschwitz. Damit ist Antisemitismus im Gangster-Rap noch lange nicht passé, aber die Fans des musikalischen Systemsprengers mussten einsehen, dass auch ihr Held mit so was nicht mehr durchkommt. Beim Thema Sexismus im Deutschrap ist allerdings Hopfen und Malz verloren – könnte man meinen, wenn man einem Artikel von »Spiegel Online« vom Juli 2020 Glauben schenkt, für den 30.000 Liedtexte ausgewertet wurden. Die Überschrift »F****! Sch*****! B****!« deutet schon an, dass es jetzt eklig frauenfeindlich wird. Erschütternde Balkendiagramme dokumentieren die »Bitch«-Dichte in den Songs der Deutschrapper. Erste Überraschung: Spitzenreiter sind SXTN – ein Frauenduo; sexistische Begriffe haben hier natürlich eine ganz andere Funktion als bei den männlichen Kollegen. Die zweite Überraschung steht im letzten Absatz des Artikels, da muss der Autor nämlich zugeben:

»So düster und schwer durchdringbar das Dickicht aus subtilem Sexismus, Ironie und Gangsta-Rap ist, so lässt sich aus der Analyse der Songtexte aber auch Positives ziehen: Mehr als acht von zehn Songs kamen im Jahr 2019 ganz ohne sexistische Schlüsselwörter aus.«

Die Pointe hat sich der Autor also für den Schluss aufgespart: Dieses unheimlich dramatische, gefährliche, schockierende Problem liegt zu großen Teilen in der Vergangenheit. Die Überschrift war also vollkommen irreführend. Ein redlicher Autor hätte getitelt: »Weniger Sexismus im Deutschrap«. Farid Bangs Geschäftsmodell ist also bereits angekratzt, stattdessen hat er sich Ende Juli 2020 vom Düsseldorfer Oberbürgermeister einspannen lassen, den Jugendlichen per Video ins Gewissen zu reden, damit sie in Corona-Zeiten die Abstandsregeln einhalten. »Benimmt eusch! Sonst zieh ich eusch die Ohren lang!«, mahnt er in die Kamera und muss selber lachen, so als wäre ihm seine neue Autorität selbst ein bisschen suspekt. Aber er macht's. Und seine potenziellen Nachfolger fangen vielleicht gar nicht erst damit an, Tabulisten abzuarbeiten; vielleicht spielen sie doch lieber Basketball.

Partywissen: DDR-Witze

Wenn du was lernen willst über eine Gesellschaft, hör dir ihre Witze an! Das wusste auch der BND und sammelte in der DDR sogenannte Flüsterwitze. Die wurden dann Helmut Kohl vorgelegt. Was für ein Bild: Morgens beim Frühstücksei öffnet der Kanzler die BND-Mappe mit dem Siegel »Streng geheim«, mit Briefkopf und Aktenzeichen, und liest dann mehrere Seiten Witze. Danach weiß er, worüber man in Dresden und Görlitz lacht. Hat je ein Staatschef tiefer in die Welt hinter dem Eisernen Vorhang geblickt als Dr. Helmut Kohl?

Denn auch der spätere Einheitskanzler wusste: In der Diktatur verstellen sich die Menschen, Diplomaten betrügen, aber Witze lügen nie. Original DDR-Gag: »Marx ist die Theorie, Murks ist die Praxis!« Spannend auch die Vorstellung, wie der BND-Agent sich nachts auf einem Ostberliner Parkplatz mit seinem DDR-Verbindungsmann trifft. »Sie haben also neues Material für mich. Wie viel?« Der Ostmann zieht nervös an seiner Club-Zigarette, öffnet den Reißverschluss seiner Lederjacke und sagt: »So fünfzehn Seiten. Sind ein paar echte Knaller dabei.« Der BNDler bezahlt ihn mit Westgeld, Toblerone und Jacobs Krönung. Und dann gibt er ihm noch unauffällig eine Kassette von OTTO. Wir ahnen: ein Doppelagent, er beliefert auch die Gegenseite. Später in der »Hauptverwaltung Aufklärung« sitzen die wichtigsten Geheimdienstler der DDR um einen Konferenztisch und wollen wissen, was der Klassenfeind wirklich denkt. Einer drückt auf die Taste des Kassettenspielers: »Jolladahiitieee ... Hallo, Echo! – Hallo, Otto!«

Museen

Als Kind dachte ich immer, ein Museum sei der Ort, wohin man all die Sachen bringt, die niemand anfassen darf. Im Museum durfte man nichts außer flüstern. Rennen oder springen war nicht gern gesehen, und die Toiletten waren eiskalt. Das Museum war ein langweiliges Labyrinth aus Glasvitrinen, Trennkordeln und »Nicht berühren!«-Schildern. Heutige Museen sind viel besser. Manche sind so aufregend wie Freizeitparks, andere wieder sind wunderbar verrückt.

Das Leben als Bühnenkünstler hat den Vorteil, dass man viel auf Reisen ist. Der Nachteil: Man ist viel auf Reisen. Irgendwann ist der Lack ab, die Hotelzimmer ähneln sich immer mehr, das ewig Neue verliert seinen Reiz, und man ertappt sich dabei, dass man Sehenswürdigkeiten nur noch abarbeitet. Hinzu kommt die Erkenntnis, dass viele Kommunen eine sehr eigenwillige Vorstellung von »sehenswürdig« haben. Einmal bezahlte ich fünf Euro im Heimatmuseum, um eine Sammlung von Deichseln, Lenkkränzen und Vorderachsen aus dem 17. Jahrhundert zu betrachten. Anfangs dachte ich, da kommt noch was, aber da kam nichts mehr. Ich glaube, dass selbst die Handwerker beim Herrichten der Exponate eingeschlafen sind. Ich ging von Raum zu Raum und konnte es nicht fassen: nur Holz und schmiedeeiserner Krempel. Ich wurde immer schläfriger, konnte die Augen kaum noch offen halten. Plötzlich bekam ich panische Angst, ich könnte hier einschlafen und versehentlich eingeschlossen werden. Niemand würde mich schreien hören, gefangen, allein zwischen Deichseln und Lenkkränzen aus dem 17. Jahrhundert. Wie konnte ich meine Lebenszeit nur so vergeuden? Warum hatte ich nicht etwas Spannendes unternommen? Eine Führung durch das Katasteramt der Stadt wäre doch eine tolle Sache gewesen.

Ich habe schon viele Heimatmuseen gesehen, nach deren Besuch ich mir dachte: »Wenn das eure Heimat ist – wandert aus! Schnell!« Aber auch verschnarchte Gemäuer mit nichts als Deichseln oder Vasen werden seltener. Ich habe in der Zwischenzeit Museen besucht, die so aufregend gemacht sind, dass man sie hellwach wieder verlässt. Im Mittelalterlichen Kriminalmuseum in Rothenburg ob der Tauber schlafen Sie garantiert nicht ein, Sie werden die Nächte danach gar nicht mehr schlafen. Das Museum glänzt mit Themenbereichen wie »Die Folter«, »Todesstrafen und Henker«, »Hexen und Räuber« oder auch »Frauen und Kinder« (»Die schlimmste Folter von allen!«, scherzte ein Familienvater im Museum). Ein Abstecher in den Museumsshop lohnt sich auch. Hier findet man etwa das »Shame-Shirt 2014« für 17,90 Euro oder das Poster »Eiserne Jungfrau« für 3,50 Eur. CDs mit Liedern aus der *Sesamstraße* suchte ich leider vergeblich. (Wie ich an anderer Stelle erwähnte, wird damit tatsächlich in Guantánamo gefoltert.) Fahren Sie mal nach Rothenburg, Sie werden diesen Tag nicht vergessen. Aber wenn Sie wirklich etwas über Folter lernen wollen, dann schauen Sie sich eine Stunde lang Deichseln, Lenkkränze und Vorderachsen aus dem 17. Jahrhundert an.

Moderne Museen bieten mehr als nur Exponate, in vielen können die Besucher selbst aktiv werden (leider nicht im Foltermuseum in Rothenburg – schade). Im Spionagemuseum in Berlin durfte ich eigenhändig geheime Botschaften dechiffrieren, mit Geheimtinte schreiben und noch so einiges mehr. Nur das Fotografieren war verboten. Ich habe es natürlich trotzdem gemacht, ganz unauffällig, mit einer Minikamera in meinem Schuh ... Wissenschaftliche Museen für Kinder machen aus physikalischen Phänomenen spannende Erlebnisse und sind immer auch lohnenswert für Erwachsene. An zahlreichen Mitmachstationen kann man Zentrifugalkraft, Hebelwirkung oder optische Täuschungen sinnlich erfahren – und wenn man diese Hölle der schreienden Kinder nach zwei Stunden wieder verlässt, auch noch einen ordentlichen Tinnitus!

Das Deutsche Auswandererhaus in Bremerhaven hat mich sehr beeindruckt. »In der *Galerie der 7 Millionen* treten die ganz persönlichen Lebensgeschichten in den Vordergrund«, heißt es auf der Webseite des Museums. Wenn das nicht meine These belegt, dass früher alles schlechter war! Sieben Millionen Menschen aus Europa, besonders aus Deutschland, wanderten binnen weniger Jahrhunderte aus, so toll kann es hier ja nicht gewesen sein. Im Auswandererhaus bekam ich einen Kopfhörer, und mir wurde eine Person zugeteilt, die wirklich existiert hat. An jeder Station hörte ich dann automatisch über Kopfhörer, was »mein« Auswanderer hier erlebt hat, ich begleitete ihn auf seiner Reise ins Ungewisse. Viele fanden ihr Glück in der Ferne, zumal ihnen Staaten wie die USA wesentlich mehr Freiheit boten als die Heimat. Es sei denn, sie kamen aus Afrika. Auch zum Thema Sklaverei gibt es ein beeindruckendes Museum.

Ich fand es in Guadeloupe ganz zufällig, auf der Suche nach Fotomotiven in der Stadt Pointe-à-Pitre. Da fiel mir ein futuristischer Bau ins Auge, der sich als das Mémorial Acte herausstellte. Es war noch kein Jahr alt, hatte 85 Millionen Euro gekostet, und ich als EU-Bürger hatte es mit meinen Steuern mitfinanziert. Nach dem Besuch des Museums kann ich sagen: Mein Geld ist gut angelegt. Die teils gruseligen Exponate wurden nicht einfach ausgestellt, sondern von namhaften Künstlern zu schönen und ebenso schrecklichen Objekten und Installationen verarbeitet. Man erlebt auf dem Rundgang originelle Kunst und wird gleichwohl umfassend per Kopfhörer informiert über die Geschichte der Sklaverei. Vieles ist kaum zu verdauen, und die Ungerechtigkeiten beschweren die Seele des Besuchers, aber die letzten Schritte durch das Museum werden dann doch zu einem erhebenden Moment. Auf dem Weg zum Ausgang schreitet man durch einen breiten, hohen Gang, von dessen Decke Bilder berühmter Persönlichkeiten afrikanischer Provenienz hängen, Persönlichkeiten, die keine Opfer sein wollten, die Großes geleistet haben; und während man zu ihnen aufschaut, schallt nach zwei Stunden Grauen und Unrecht plötzlich heitere Musik aus dem Kopfhörer: Miriam Makebas Lied »Pata Pata«. Ich hatte sogar ein leichtes Grinsen auf den Lippen, weil ich bei dem Lied immer die Version meines Kollegen Hennes Bender mithöre: »Arafat im Gruga-Bad, mit'm Katheter ...«

Zum Glück gibt es auch Museen, die nicht von Folter, Krieg und Sklaverei erzählen; die Geschichte der Menschheit hat so viel mehr zu bieten. In Solingen gibt es das Laurel-und-Hardy-Museum, und das Heimatmuseum Bergneustadt präsentiert eine Sammlung von Feuerwehrhelmen. Die Stadt protzt im Internet: »Die Ausstellung zählt zu den größten in Deutschland.« Und das bei mindestens vier Dauerausstellungen von Feuerwehrhelmen in der Bundesrepublik. Da spielt Bergneustadt ganz oben mit! Nicht entgehen lassen sollte man sich einen Besuch im Peitschenmuseum in Killer im Killertal, einfach weil es so schön bescheuert ist. Beim Deutschen Fleschereimuseum Böblingen bin ich noch unschlüssig. Es könnte lebensgefährlich sein, wenn man den falschen Eingang erwischt. Außerdem bin ich Vegetarier und deshalb im belgischen Brügge besser aufgehoben, im dortigen Museum für Pommes frites, dem Frietmuseum. Innerhalb einer Stunde wird man hier zum Kartoffelexperten, und natürlich gibt es jede Menge frische Pommes. Ein Besucher schrieb auf TripAdvisor: »Es riecht im ganzen Museum nach altem Frittenfett, sehr unangenehm und störend.« (Das erinnert mich an einen Touristen, der sich beschwerte, dass große Teile des Mailänder Doms abgesperrt waren – für einen Gottesdienst.) Reykjavik schmückt sich mit dem weltweit einzigen Penismuseum. The Icelandic Phallological Museum wartet mit 286 besten Stücken von Mensch und Tier auf. Schenkungen aus aller Welt sind willkommen, schon einige Herren haben dem Haus post mortem ihr mächtiges Gemächt vermacht. Männer mit Minderwertigkeitskomplexen sollten sich einen Besuch gut überlegen, denn am Pottwalstöpsel kommt man nicht ohne Selbstwertschaden vorbei (1,70 m). Trotzdem bewerten Männer wie Frauen das Museum im Allgemeinen als unterhaltsam und lehrreich. Die letzte Bildungs-

lücke im Bereich Allzumenschliches schließt man in Yokohama, wo seit 2019 das Unko-Museum Jung und Alt begeistert. *Unko* ist das japanische Wort für Scheiße, und genau die steht hier im Mittelpunkt. Übrigens findet sich auf TripAdvisor keine Bewertung, die den Geruch im Haus als »unangenehm und störend« beschrieben hätte. Das Projekt ist ein großer Erfolg, allen *Unko*-Rufen zum Trotz. Vor allem darf man sich auf die Mitmachstationen freuen. Keine Angst, die sind alle völlig keimfrei. Man kann zum Beispiel an einem Mikrofon mit Dezibelmessung den Weltrekord im »Scheiße«-Schreien aufstellen. (Tabellenführer ist sicher ein Deutscher!) Wenn man weiß, dass die Japaner die modernsten und hygienischsten Toiletten der Welt haben, versteht man auch, warum ausgerechnet hier das erste Museum steht, das mit dem Thema völlig entspannt umgeht. Der Gang durchs Drehkreuz kostet etwa 14 Euro, das sind umgerechnet 28 Sanifair-Bons. Sicher gibt es in dem Haus einen exquisiten Wickelraum. Überhaupt sind Museen heute viel kinderfreundlicher. Im PS-Speicher in Einbeck wird alles ausgestellt, was Räder hat, und damit Vati in Ruhe die Motoren anschmachten kann, wurden für die Kleinen überall im Haus Kindertunnel eingebaut, durch die die Quälgeister krabbeln können. Man sieht und hört sie nicht, und nach dem Museumsbesuch sind sie todmüde. Zu guter Letzt empfehle ich noch als Spartipp einen Gang ins Valentin-Karlstadt-Musäum in München. Das Schild am Eingang verspricht:
»Für 99-Jährige in Begleitung ihrer Eltern Eintritt frei«.

Den Witz könnten die Besucher bald nicht mehr verstehen, aber nicht, weil sie zu blöd wären. 2019 verkündete der Genetiker David A. Sinclair, dass er die routinemäßige Impfung von Säuglingen gegen Alterungsprozesse in naher Zukunft für wahrscheinlich hält. Eine Lebenserwartung von 120 mit viel Luft nach oben wäre dann keine Science-Fiction mehr. Und das Valentin-Karlstadt-Musäum könnte das Eingangsschild abschrauben – der Witz wäre erledigt. Fortschritt macht die Welt besser, aber nicht unbedingt lustiger.

Abolitionismus

Wer kennt schon Granville Sharp, Thomas Clarkson, William Wilberforce oder William Pitt? Leider kaum jemand, und das ist eine Schande, denn sie schafften es in kürzester Zeit, den Engländern den Sklavenhandel auszureden. Das ist vielleicht kein Megawurf, so wie der *Dyson Airblade* oder der Fahrradschlauchautomat, trotzdem beeindrucken mich diese Abolitionisten, denn sie waren unbewaffnet, also keine von diesen Knallwürsten in Uniform, die irgendwelche Quatschkriege führten und dafür heute noch verehrt werden. William Wilberforce und seine Mitstreiter waren Influencer im England des 18./19. Jahrhunderts. Und was für welche!

Sklaverei ist keine schöne Sache. Man muss das mal so deutlich sagen, sonst merkt es wieder keiner. Schließlich hat es über Jahrtausende keiner gemerkt; wer Sklaven hatte, dachte sich: »Hey, Sklaverei ist eine schöne Sache!« Rassistisch war das übrigens nicht, man versklavte alle, die man im Krieg besiegt hatte – der Versklavte musste es also nicht persönlich nehmen, er hatte einfach Pech gehabt.

Dann wurde 1492 die Neue Welt entdeckt, und es gab viel zu tun. Auf den Zuckerrohrplantagen versklavte man zunächst die Eingeborenen sowie straffällig gewordene Europäer, die eine Schuld abzuarbeiten hatten, so eine Art Leibeigene auf Zeit. Die »Indios« hatte man durch die eingeschleppten Krankheiten bald ausgerottet, und auch die europäischen Sklaven auf Zeit waren eher von der Sorte »Lauch«. Zum Glück entdeckte man den Afrikaner, der war fit und hitzebeständig, und das beste Geschäftsmodell der Neuzeit war geboren: Sklavenhandel. Ein Schiff fährt von Europa nach Westafrika, von dort werden Sklaven wie Tiere über den Atlantik transportiert, dann wird das Schiff gut durchgekärchert und segelt anschließend mit Kaffee, Zucker und Tabak zurück nach Europa. Was die Versklavten durchmachten, kann man sich nicht mal im Ansatz vorstellen. Gewalt, Seuchen, Angst und Tod, all das bedeutete für die Europäer bares Geld. Portugiesen, Franzosen, Engländer, Deutsche, ja selbst afrikanische Herrscher verdienten prächtig daran, und um noch mehr Kapital für neue Schiffe zu bekommen, erfand man die erste Form von Wertpapier. Rendite: bis zu 60 Prozent. Das ist schon was anderes als Fondssparen! Ganz Europa hatte nur noch das Dollarzeichen im Auge, Sklaverei war eine gute Sache, mehrere 100 Jahre lang.

Dann kam die Aufklärung und postulierte dummerweise Individualrechte und die prinzipielle Gleichheit aller Menschen. Moralisch wurde es jetzt schwieriger mit dem Versklaven, aber man verdiente einfach zu gut daran und behalf sich mit einem Trick, der bis heute beliebt ist: Rassismus. Man teilt die Menschheit in unterschiedlich wertvolle Gruppen ein, nach Kriterien wie Aussehen, Intelligenz, Kultur und so weiter, und dann kann man vergleichen, so wie beim Quartettspiel. Die Karte mit den wenigsten Punkten darf man dann guten Gewissens versklaven. Im Prinzip, so war man sich jetzt einig, sind Afrikaner höchstens eine Unterform des Menschen, selbst Immanuel Kant widersprach nicht, und deshalb war es okay, Afrikaner wie Tiere zu behandeln.

Aufklärer waren also damals rassistisch. Aber was war mit der katholischen Kirche? Musste die nicht in aller Form gegen Sklaverei protestieren, wo doch der Mann aus Nazareth die bedingungslose Liebe gepredigt hatte? Keinesfalls, denn schließlich, so der Klerus, wurde den Sklaven auch kostenfrei das Evangelium gepredigt. Die Afrikaner konnten von Glück sagen, versklavt worden zu sein: Sie schnitten dem Weißen das Zuckerrohr, und der sorgte für ihre Seelenrettung – eine klassische Win-win-Situation.

Auch gab es Theologen, die allen Ernstes behaupteten, die Afrikaner stammten gar nicht von Adam und Eva ab, sondern hätten sich irgendwie in die Menschheitsgeschichte hineingemogelt; bei allem, was in der Bibel stand, waren sie gewissermaßen nicht gemeint. Total verrückt, aber Hauptsache, unterm Strich kommt raus: Wir dürfen Afrikaner versklaven. Und das ist wichtig, denn wer immer wieder nach Rechtfertigungen sucht, der weiß doch unterschwellig, dass sein Tun nicht in Ordnung ist. Sklaverei ist nämlich keine schöne Sache. Man muss das einfach mal sagen.

Das 18. Jahrhundert neigte sich dem Ende entgegen, und was es nun brauchte, war jemand, der die Menschen mit ihren unterschwelligen Skrupeln konfrontierte. In England waren das evangelikale Christen und Quäker, die bald einen idealen Sprecher fanden: William Wilberforce, Mitglied des Unterhauses. Wilberforce war anfangs ein ganz normaler Student der Upper Class, der statt Vorlesungen lieber Saufgelage besuchte und mit seinen Kumpels am Kartentisch die Nächte durchzockte. Ganz sympathisch eigentlich, aber im Alter von 25 Jahren mutierte er überraschend zum religiösen Spinner: Er konvertierte zum evangelikalen Protestantismus, in der damaligen britischen Gesellschaft eher eine Lachnummer. Er durchlief einen ähnlichen Wandel wie George W. Bush oder Osama Bin Laden, nur dass unter seiner religiösen Erweckung nicht die halbe Welt zu leiden hatte, er wollte das Leid auf der Welt vermindern, ohne zu schießen.

Zunächst aber wurde er zum konservativen Spielverderber und wetterte gegen Pornografie und Sonntagszeitungen. Dann aber wurde er vernünftiger, wurde zu einem der ersten Fürsprecher des Tierschutzes und schließlich zum entschlossenen Abolitionisten, der, so laut er konnte, in die Welt posaunte: Sklaverei ist keine schöne Sache!

Was folgte, waren Kampagnen allererster Güte, die heutige PR-Agenturen auch nicht besser machen könnten. Wilberforce und Kollegen agitierten Jahr um Jahr mit Flugblättern, Pamphleten und unzähligen Petitionen, sie sammelten Hunderttausende Unterschriften gegen die Sklaverei und schrieben an Zeitungen. Man sammelte Beweisstücke und Zeugenaussagen über die Grausamkeiten der Sklavenrealität, die Wilberforce dem bestürzten Publikum bei Vorträgen vor Augen hielt. Sogar Buttons aus Keramik wurden produziert, mit dem Abbild von Schwarzen in Ketten und auf Knien sowie der Inschrift: »Am I not a man and brother?« Sehr erfolgreich wurde ein Zuckerboykott, den die Aktivisten initiierten. Insbesondere Frauen, angewidert von den Berichten über Grausamkeiten im Sklavenhandel, tranken ihren Tee jetzt lieber bitter. Ganze 300.000 Menschen sollen sich beteiligt haben. Vor allem brachte Wilberforce unermüdlich Gesetzesvorschläge gegen Sklavenhandel im Unterhaus ein, unterstützt vom Premierminister William Pitt, der zum Glück ein alter Freund war. Sie waren clever genug, erst mal nur moderate Forderungen zu stellen, um nicht gleich die ganze Elite des Landes, die ja fürstlich an der Ungerechtigkeit verdiente, gegen sich zu haben. Auch wenn man die Sklaverei als Ganzes beenden will, sollte man sich aus taktischen Gründen, nun ja, nicht sklavisch daran halten. Tatsächlich war die Gegenwehr erdrückend, aber Wilberforce nervte das Unterhaus viele Jahre lang mit Gesetzesvorschlägen und Reden zum Thema Sklaverei. Und dann, 1807, wurde sein Slave Trade Act vom Unterhaus mit 283 zu 16 Stimmen angenommen. Mit Sklaven zu handeln war jetzt verboten, sie zu besitzen und auszubeuten noch nicht. Die Aktivisten ließen ein bisschen Zeit verstreichen und setzten zum finalen Schlag an, dem totalen Verbot der Sklaverei in allen britischen Kolonien. Wilberforce wurde älter und kränker, aber der Kampf ging weiter, und 1833 konnte man ihm auf dem Sterbebett die frohe Kunde überbringen, dass nun im ganzen Empire die Sklaverei abgeschafft würde.

Was für eine Erfolgsgeschichte! Diese Menschen brauchten nur gut 40 Jahre, um die Gesellschaft umzukrempeln und ein Übel aus der britischen Welt zu schaffen, das die Menschheit über Jahrtausende begleitet hatte wie Fußpilz. Ein Übel, an dem die Briten unfassbar reich geworden waren, die Prachtfassaden von Bristol oder Liverpool verdankten sich in der Hauptsache prall gefüllten Sklavenschiffen. Den Briten die Sklaverei ausreden zu wollen war in etwa so aussichtsreich, wie in Bayern das Bier zu verbieten, in Köln den Karneval oder in Berlin den Döner. Oder wie heute als kleines Mädchen durch die Welt zu reisen und von Regierungen zu verlangen, den Klimawandel zu bremsen, der ist nämlich auch keine schöne Sache. Die Parallelen zur schwedischen Klimaaktivistin Greta Thunberg sind erstaunlich. Auch Wilberforce und seine Mitstreiter fingen ganz klein an, wurden zuerst belächelt, später beschimpft und öffentlich gedemütigt, und während der Revolution 1789 in Frankreich geisterten sogar Verschwörungstheorien durchs Land, die Wilberforce als Umstürzler denunzieren sollten. Nichts davon hat gefruchtet, gewonnen hat Wilberforce. Es lohnt sich, niemals aufzugeben, das können wir von ihm lernen. Ein paar fromme Christen schafften es, den Menschen ins Bewusstsein zu rufen, was diese vielleicht lange schon ahnten: Sklaverei ist keine schöne Sache. Man musste es einfach nur mal sagen.

Partywissen: Penny Lane

Manche Straßen oder Gebäude in Deutschland werden umbenannt, wenn plötzlich herauskommt, dass der Namensgeber ein Arschloch war. Die Petersallee in Berlin verdankt ihren Namen Carl Peters, dem Begründer der ehemaligen Kolonie »Deutsch-Ostafrika«. Sein Spitzname »Hänge-Peters« spielt leider nicht auf seine Potenzprobleme an, sondern darauf, dass er ein sadistischer Herrenmensch war, der mit den Einheimischen nicht zimperlich umging. Vor langer Zeit schon protestierten Menschen aus der afrodeutschen Community, ein anderer Straßenname sollte her, aber findige Gewerbetreibende in der Petersallee, die keine neuen Visitenkarten drucken wollten, kamen auf die Idee, den Straßennamen nicht zu ändern, sondern einfach umzuwidmen, nach dem Motto: »Peters gibt's ja viele, da wird sich doch ein besserer finden.« Gesagt, getan. Seit 1986 bezogen kleine Erläuterungsstreifen unterm Straßenschild die Petersallee auf einen gewissen Professor Hans Peters; der war CDU-Politiker und Widerstandskämpfer gegen das NS-Regime. Mittlerweile steht eine komplette Umbenennung an, denn die Petersallee soll in vier Straßen geteilt werden, die explizit antikoloniale Namen erhalten werden.

Interessant wäre es zu wissen, ob Ähnliches auch für die Penny Lane in Liverpool diskutiert wurde; die nämlich ehrt einen gewissen James Penny, seines Zeichens Sklavenhändler und entschlossener Gegner der Abolitionisten. Über Wilberforce lachte er nur und rühmte sich damit, dass auf seinem Sklaventransporter pro Überfahrt nur einer von zwölf Afrikanern starb. Er beschönigte die Zustände auf seinen Schiffen derart, dass man meinen könnte, er habe einen Tretbootverleih. Die Penny Lane umzubenennen wäre aber undenkbar: Die allermeisten Liver-

pool-Touristen springen gleich bei der Ankunft selfiegeil aus dem Bus und suchen die legendäre Straße aus dem Beatles-Song, alles andere kann warten. Es ist wie in dem deutschen Werbespruch: »Erst mal zu Penny!«

Psychohilfe

Sie sind depressiv? Sie wollen nicht mehr leben? Dann freuen Sie sich doch! Freuen Sie sich, dass Sie heute nicht mehr leben wollen! Oder würden Sie jetzt lieber im Mittelalter sitzen, gefangen in Ihrer Grübelschleife? Natürlich nicht! Wenn schon depressiv, dann bitte heute! Denn noch nie gab es so viele Therapie- und Hilfsangebote. Als Opa aus dem Krieg heimkehrte, den Kopf voller Bilder des Grauens, hat ihm niemand geholfen, das zu verarbeiten. Wenn aber heute ein Kind mitansieht, wie eine Katze überfahren wird, macht es gleich eine Therapie. In Kriegszeiten hätten die Eltern das Kind nicht zum Therapeuten geschleppt – sie hätten die Katze gegessen.

Vor über zehn Jahren war ich mit einer Improtheater-Gruppe engagiert, um bei einem Jubiläum zu spielen. Diesen Abend vergesse ich nie, denn es war das Jubiläum der Telefonseelsorge Neuss, und bei der Begrüßungsrede passierte etwas Merkwürdiges. Die Frau am Mikrofon sagte:

»Ich freue mich, dass ihr so zahlreich gekommen seid. Ihr wisst ja, dass ich euch nicht beim Namen nennen kann, aber fühlt euch gedrückt!«

Das verstand ich nicht. Zu blöd, sich die Namen zu merken? Zettel verloren? Keine Zeit, weil das Essen kalt wird? Die Antwort: *Ich* war anwesend und die Presse und alle anderen, die nicht bei der Telefonseelsorge arbeiten. Man hat es uns erklärt: Niemand soll wissen, wer bei der Telefonseelsorge anruft, und auch nicht, wer den Hörer abnimmt. Nur so ist gewährleistet, dass du in deiner Verzweiflung über alles offen reden kannst und nie irgendjemand davon erfährt. Du bleibst anonym und die Stimme am anderen Ende auch.

Wir waren sehr beeindruckt von den Zahlen, die an dem Abend genannt wurden. Im Vorjahr hatten um die 19.000 Verzweifelte die Nummer gegen Kummer gewählt. (Vielleicht waren es auch nur zwei Nervensägen, die jeweils neuntausendfünfhundertmal im Jahr angerufen hatten – ist aber unwahrscheinlich.) Eigentlich erschreckend, dass es so viele Sorgen um uns herum gibt. Aber ich kann auch hier Entwarnung geben: 2018 haben nur noch rund 11.000 Menschen telefonische Hilfe gesucht. Natürlich kann es sein, dass immer mehr Menschen aufs Internet ausweichen. Oder dass die Rheinländer heute einfach glücklicher sind, warum sollte man das ausschließen? Oder glauben Sie, dass, einem geheimnisvollen Energieerhaltungsgesetz folgend, immer die gleiche Menge Unglück in der Welt sein muss?

Man darf sich in jedem Fall einfach freuen, dass dieses Angebot überhaupt existiert und wahrgenommen wird. Auch wenn du keinen Ausweg mehr weißt: Es gibt immer jemanden, der dir zuhört und der dir weiterhelfen kann – natürlich gebührenfrei, gegen Astro-TV ist das ein Schnäppchen. Du wirst gemobbt, dein Freund will sich umbringen, oder du bist Fan vom 1. FC Köln? Echt bitter, aber du bist nicht allein. Wenn es die Telefonseelsorge schon früher gegeben hätte, sähe die Welt heute vielleicht ganz anders aus:
Hallo?
Ist da die Telefonseelsorge?
Ja, du kannst sprechen. Was ist dein Problem?
Öch föhle mich werrtlos. Die Kunsthochschule hat mich abgelehnt. Meine Mutter ist tot, und öch bin obdachlos. Öch bin so voller Hass, besonders auf die Juden!
Wie hat das denn angefangen? Erzähl doch mal!
Also, das war so [...]

Psychologie und Psychiatrie haben in der Spanne meines Lebens wunderbare Fortschritte gemacht, hier gibt es irre Erfolge zu verzeichnen, was aber kaum jemand zur Kenntnis nimmt. Schade eigentlich, denn das würde helfen, endlich die großen drei Psychoklischees aus der Welt zu schaffen, die unsere Gesellschaft einfach nicht aus den Köpfen kriegt: Psychologen haben selber 'ne Meise, Insassen in der Psychiatrie sind Bekloppte und bleiben es, und der infamste Unsinn stammt von Joachim Witt. In seinem Song »Der Goldene Reiter« maulte er, in der Nervenklinik »wirst du noch verrückter gemacht«. Was wohl die Krankenkassen dazu sagten? Witt verbreitete Unwahrheiten, man könnte auch sagen: Einer log über das Kuckucksnest. Meine Lektüreempfehlung zum Thema ist das überaus amüsante und angenehm kurze Buch des Psychiaters Professor Manfred Lütz *Irre – Wir behandeln die Falschen!*. Hier lernen Sie Erstaunliches über die Erfolge bei Verhaltenstherapien, bei der Behandlung von Depressionen oder paranoider Schizophrenie. Und Sie beherzigen dann vielleicht, dass ein Aufenthalt in der Psychiatrie kein Stigma ist. Es ist schon verrückt: Menschen erzählen ohne Scham von ihrer Herz-OP oder der neuen Hüfte, aber eine psychiatrische Behandlung wird vertuscht wie ein Politskandal. Dabei ist sie unterm Strich dasselbe wie Hüft- und Herz-OP: ein medizinischer Eingriff. Ich persönlich habe wundervolle Begegnungen mit Psychiatriepatienten gehabt. Vor einigen Jahren spielte ich in einem Kurort mein Programm *Hetzkasper – zu blöd für Burnout*. Die Show war überraschend schnell ausverkauft, also fragte ich die Veranstalterin nach dem Grund dafür. Ihre Antwort war simpel: »Na ja, es ist dein Burn-out-Thema ... wir haben hier mehrere Burn-out-Kliniken und Psychiatrien in der Stadt, und die Patienten wollen ja auch mal lachen.« Jetzt machte ich mir Sorgen! Mein schwarzer Humor ist nicht jedermanns Sache, und von manchen Pointen könnten die Betroffenen sich verhöhnt fühlen oder das alles nicht verkraften! Schreikrämpfe, Tobsuchtsanfälle, Ohnmachtsattacken!

Das Gegenteil passierte: Ich hatte einen der besten Abende meines Lebens mit diesen Zuschauern. Schwarzer Humor war genau ihre Schiene, ich wurde gefeiert wie selten zuvor. Aber dann, in der zweiten Hälfte, hatte ich es wohl doch zu weit getrieben. Nach einem besonders bitteren Gag herrschte sekundenlange Stille. Ich glaube, es war der Satz: »Morgen bringe ich mich um, und wenn es das Letzte ist, was ich tue!« Aber in diese Stille hinein rief dann eine Frau hörbar selbstironisch: »Oh, Shit! Und mein Therapeut hat morgen frei ...« Von da an gab's kein Halten mehr. Schreikrämpfe, Ohnmachtsattacken und so weiter, wie befürchtet – aber alles vom Lachen. Wunderbar!

Psychiatrie ist für die meisten leider immer noch der Horror von *Einer flog über das Kuckucksnest* mit Elektroschocks und Zwangsjacke, Burn-out-Klinik dagegen Selbstfindungstöpfern mit Alpenblick und Heilfasten. Dabei ist Burn-out nur ein hippes Wortversteck für Depression. Ein halbes Dutzend meiner Freunde und Verwandten hat schon mal eingecheckt im »Hotel zum Schwarzen Loch«, und allen wurde geholfen. Ihr Leben läuft seitdem besser als vorher. Eine Krise öffnet immer auch neue Türen – wenigstens die zur Psychiatrie. Dort wird nach ganzheitlichen Konzepten gearbeitet, also Körper und Seele als Einheit betrachtet, es wird Ihnen auch viel Sport oder Malen angeboten. Wenn Sie selbstmordgefährdet sind, helfen natürlich keine Malstifte mehr, Sie werden mit Antidepressiva vollgepumpt. Das führt mitunter dazu, dass Sie nichts mehr richtig fühlen, aber ohne Antidepressiva würden Sie die Malstifte essen, um sich umzubringen, und dann fühlen Sie gar nichts mehr.

Menschen, die mit einer Depression in der Psychiatrie waren, erzählen interessanterweise alle dasselbe: »Meine Therapeutin war echt hart mit mir!« – »Da sind Leute in Behandlung, von denen du das nie gedacht hättest!« – »Rumgammeln ist nicht! Ich hatte einen straffen Stundenplan!« – »Abends waren wir im Kabarett, irgendwas mit Hetzkasper. Der Typ war genial!«

Eine Freundin erzählte mir, die Klinik sei ein wunderbar geschützter Raum gewesen: »Das erste Mal im Leben war ich an einem Ort, wo alle ehrlich miteinander reden. Im ›normalen‹ Leben lügt man ständig herum oder sagt nicht, was man denkt. Hier nicht. Nichts blieb hier unausgesprochen. Es war wie ein Paradies auf Erden.« Ein Ort, wo alle sagen, was sie wirklich denken, klingt mehr nach Hölle auf

Erden, hätte ich beinahe gewitzelt, aber dies war nicht der Moment. Depression ist auf jeden Fall die Hölle, aber zum Glück wissen wir heute viel mehr über diese furchtbare Krankheit als noch vor 30 Jahren. Und die Ärzte sind heute besser ausgebildet und können eine Depression besser diagnostizieren. Das rettet Leben. Die Selbstmordrate in Deutschland sinkt seit geraumer Zeit, in den Jahren 1980 bis 2007 fiel sie von 18.000 auf rund 9.400. In knapp 30 Jahren also halbiert – alle Achtung! Seitdem steigt die Rate wieder leicht an. Wer oder was daran schuld ist, weiß man nicht, aber es ist weder das Privatfernsehen noch die SPD. Weltweit betrachtet, ist der Sinkflug des Suizids übrigens noch steiler, und die Gründe dafür sind vielfältig, manchmal überraschend. Eine im »JAMA Pedriatrics« veröffentlichte Studie berichtete 2017 vom Sinken der Selbstmordrate unter US-Schülern in genau den Staaten, die die gleichgeschlechtliche Ehe legalisiert haben, und zwar um 14 Prozent bei denen, die als LGBT-zugehörig klassifiziert werden können; aber selbst bei den Heteroschülern sank die Rate um ganze sieben Prozent – deutlich mehr als in den Staaten, wo gleichgeschlechtliche Partnerschaften verboten sind.

»Herr Doktor, ich glaube meine Tochter hat Suizidgedanken. Was kann ich tun?«

»Kämpfen Sie für die Homo-Ehe!«

Tragische Spitzenreiter beim Suizid sind die Menschen in Südkorea. Ich vermute, Leistungsdruck, schnelles Internet und grauenhafte Popmusik (»Gangnam Style«) ergeben einen giftigen Cocktail, der viele in die Depression stürzt beziehungsweise in den Fluss. Gerade mal 30 Prozent der Koreaner können schwimmen, deshalb stehen in Seoul die Leute Schlange, um sich in den Han-River zu stürzen. Auf den Brücken gibt es jede Menge Notruftelefone, und Sprüche auf Displays am Geländer sollen den suizidalen Koreaner auf andere Gedanken bringen, abends sogar mit Beleuchtung. (Auf der Hohenzollernbrücke in Köln sind es passenderweise die Liebesschlösser, die Lebensmüde vom Springen abhalten – man kann so schlecht an ihnen hochklettern!) Und dann gibt es in Seoul noch das Yeouido Water

Rescue Team. Es fährt mit Schnellbooten den Fluss auf und ab und zieht die Verzweifelten aus dem Wasser zurück in die Leistungsgesellschaft.

Mittlerweile haben wir die Depression viel besser erforscht. Professor Dr. Ulrich Hegerl, Experte für Depressionsbehandlung und Suizidprävention, sieht die Depression als rein physiologisches Problem des Stoffwechsels im Gehirn. Einfach gesagt, wenn Sie keine genetische Veranlagung zur Depression haben, kann ruhig Ihr Haus abbrennen, ein Krieg ausbrechen, und Sie können täglich eine Katze überfahren: Das stecken Sie alles locker weg. Aber wer eine genetische Veranlagung hat, dem reicht die Scheidung und ein bisschen schlechtes Wetter, und zack – die Depression ist da. Buntstifte raus! Das ist eine gute Nachricht, denn von Genetik und Epigenetik verstehen wir jeden Tag mehr und können so diese Krankheit vielleicht irgendwann besiegen. Neueste Forschungsansätze zielen gar auf das Immunsystem als Schuldiger. So könnte es schon bald möglich sein, Depressionen mit Bluttests und Hirnscans vorherzusagen und mit Entzündungshemmern zu behandeln. Bei Tieren hat man mittlerweile einen Zusammenhang zwischen Darmflora und Depression nachweisen können.

Es lohnt sich also, noch viel mehr in psychologische Forschung zu investieren. Es braucht unzählige Wissenschaftler, Ingenieure und Techniker, um einen Flugzeugträger zu bauen, aber wie könnte die Welt aussehen, hätten diese Leute stattdessen in der psychologischen Forschung gearbeitet! Vielleicht wären Flugzeugträger schon längst überflüssig. Das liest sich bestimmt wie ein schmalzig-naiver Wunschtraum, aber die Geschichte hat gezeigt, dass es manchmal verblüffend einfach ist, die Welt zu verändern – alles, was man dafür braucht, ist ein schmalzig-naiver Wunschtraum. Wer sich das auch schon verbietet, muss sich nicht wundern, wenn irgendwann die Depression anklopft.

Rumänien (Funky Citizens)

Rumänien, wie man es aus den Medien kennt: Romadörfer, die im Matsch versinken, Armut, Korruption, Menschenhandel. Mehr fällt einem nicht ein. Die Top-3-Persönlichkeiten aus Rumänien sind:
- Vlad, der Pfähler, alias Dracula – grausamster Feldherr seiner Zeit
- Nicolai Ceaușescu – grausamster Diktator seiner Zeit
- Peter Maffay – Gitarrengott und Tabaluga-Schöpfer

Peinlicher geht es nicht, Rumänien hat ein Imageproblem. Etwas Positives über Rumänien zu finden ist so schwierig, wie den Namen Ceaușescu zu buchstabieren. Dabei hat sich in dem Land einiges getan, und vieles davon war sehr gut.

Im Jahr 2002 tourte ich mit der Chanson-Rock-Band Schneemann zwei Wochen lang durch Rumänien. Gesponsert durch das Auswärtige Amt, spielten wir in den deutschsprachigen Enklaven des Landes, hauptsächlich in Transsylvanien. Rund ein Dutzend Konzerte waren geplant, vorausgesetzt, wir würden bis zum Ende überleben. Von Rumänien hörte man doch nur Horrorstorys, warum also nicht auch: »Deutsche Rockband in den Karpaten verschollen – Wer trinkt jetzt ihr Blut?«

Auf dem Hinweg übernachteten wir in Ungarn über einer Pinte nahe der Autobahn. Durchs Fenster sah man auf einen Lkw-Parkplatz, der aussah wie ein Militärstützpunkt. Der Wohlstand, der hier Rast machte, wurde mit sechs Meter hohen Zäunen, Stacheldraht und Flutlichtmasten bewacht. Nachts bellten Schäferhunde. »Na toll«, dachte ich beim Einschlafen, »Fernseher, Mikrowellen und Turnschuhe sind sicherer untergebracht als ich.« Als wir schließlich

Rumänien erreichten, wurde uns noch mulmiger. Sechs Klöße in den Hälsen fuhren mit uns über die Grenze und sorgten für Schweigen im Tourbus. Unser wertvolles Equipment machte uns zur fetten Weihnachtsgans, die die Straßenräuber dankbar schlachten würden, das war nur noch eine Frage der Zeit.

Natürlich war dann alles halb so schlimm. Die Konzerte liefen bombig, schnell entstand eine wunderbare Nähe zum Publikum. Da saßen rumänische Teenager, die noch nie einen Fuß auf deutschen Boden gesetzt hatten, aber genauso natürlich Deutsch sprachen wie wir, nur mit diesem leicht rollenden R. Diese jungen Menschen waren uns im Grunde sehr ähnlich. Ein Informatikstudent sprach mir sogar aus der Seele: »Ich will so schnell wie möglich nach Deutschland!« Mir gegenüber saß der personifizierte Braindrain Rumäniens und trank Wodka aus der Flasche. Nein, viel Hoffnung war hier nicht, wenn diejenigen, die das Land nach vorne bringen könnten, schon auf gepackten Koffern saßen.

Zu dieser Zeit bettelte Rumänien um Aufnahme in die Europäische Union, also vergaben wir während unserer Tour im Geiste Euro-Punkte. Das Ergebnis fiel eher dürftig aus. Die rumänische Dienstleistungsgesellschaft entwickelte sich, nun ja, etwas eigenwillig. Ein Beispiel: Als wir nach einem Stadtbummel zu unserem Tourbus zurückkamen, staunten wir nicht schlecht. Er stand frisch glänzend in einer Wasserlache, und Seifenschaum lief die Scheiben hinunter. Daneben standen drei ärmlich gekleidete Männer mit Eimern in den Händen und lächelten uns erwartungsfroh an. Unsere deutsch-rumänische Tourbegleiterin machte den Jungunternehmern aber unmissverständlich klar, dass wir keine Autowäsche bestellt hätten, Bezahlung ausgeschlossen! Wir, die Band, standen betreten dahinter. Ich hätte ja gerne etwas gegeben – andererseits, die EU ist nun mal in der Hauptsache eine Wirtschaftsunion, da sollte man sich zuallererst in geltendes Vertragsrecht einlesen!

Auf unserer Tour fanden wir alles, was an Tristesse und Zerfall zu erwarten war: metertiefe Schlaglöcher, ein nagelneues leer ste-

hendes Hotel im Besitz der Mafia, Bettelkinder, vermurkste Baustellen und Modern-Talking-CDs auf dem Marktplatz – dieses Land war verloren. Und das Image Rumäniens hat sich in den letzten 18 Jahren nicht gebessert. In den Medien ist das Land auf Elendsberichte abonniert. Sie sind Journalist und brauchen krassen Content über Prostitution, Organhandel, Straßenkinder? Kommen Sie nach Rumänien! Sie wollen als Menschenfreund punkten? Ab nach Rumänien! Für Michael Jackson hat es sich gelohnt. 1992 besuchte er dort ein desolates Kinderheim und säuselte vor Kameras in seinen Mundschutz, er werde den Kindern ärztliche Hilfe finanzieren. Passiert ist nichts.
»Heal the world, make it a better place
For you and for me and the entire human race
There are people dying, if you care enough for the living
Make a better place for you and for me.«

Michael Jackson heilt die ganze Welt, nur das Neverland Rumänien geht mal wieder leer aus. Geht es noch bitterer?

Wie hat sich das Land nun weiterentwickelt? Ich sage es mal mit Trommelwirbel: Der Wappenvogel Rumäniens ist der Phönix! Seit 2007 EU-Mitglied, ist das Land im Begriff, sich am eigenen Schopf aus dem Sumpf zu ziehen. Die Korruption im Land ist nach wie vor grauenhaft, doch es passieren wundervolle Dinge, ganz ohne Michael Jackson. Die jungen EU-Bürger gehen erstaunlich locker mit der Misere um. Junge Bukarester haben die NGO Funky Citizens gegründet, die im Kampf gegen die Korruption ganz neue, kreative Wege geht. Auf ihrer Homepage bieten sie ein Preisvergleichsportal für Schmiergelder an. Das ist durchaus ernst gemeint. Wenn man schon Ärzte und Beamte bestechen muss, dann sollen die sich auch einem fairen Wettbewerb stellen. Weiterhin verkaufen die Funky Citizens Sammelbilder mit den Porträts korrupter Köpfe nebst Album zum Einkleben. Und schließlich organisieren sie Besichtigungstouren durch Bukarest und führen Touristen zu den Wohnhäusern schmieriger Landsleute, wo sie erzählen, was der- oder diejenige schon alles auf dem Kerbholz hat. Festes Schuhwerk wird empfohlen – die Tour ist lang!

Aber auch durch die Mauern der Regierungspaläste weht ein frischer Wind der Transparenz. Das hat in Deutschland kaum jemand bemerkt. Stellen Sie sich vor, Sie sind ein korrupter Politiker namens Liviu Dragnea, Chef der rumänischen »Sozialdemokraten«, Nachfolgepartei der kommunistischen Murkselite! Auf Ihrer Visitenkarte steht: »Liviu Dragnea – Amtsmissbrauch und Selbstbereicherung«. Die Europäische Union ist für Sie eine feine Sache, denn es fließen üppige Gelder ins Land. Rund 500 Millionen Euro haben Sie und Ihre befreundeten Strauchdiebe schon abgezapft und versickern lassen. Sie selbst sind wegen Wahlbetrugs bereits vorbestraft und können deshalb nicht Staatspräsident werden. Aber sei's drum, Sie bestimmen die Politik im Lande. Die Europäische Union fordert nun plötzlich Antikorruptionsgesetze. Das halten Sie für reichlich albern, schließlich läuft in Rumänien seit Jahrhunderten nichts ohne Bakschisch. Eskimos haben 100 Wörter für Schnee – das ist ein weitverbreiteter Irrtum, aber die rumänische Sprache kennt allein 30 Redewendungen für die Umschreibung von Schmiergeld. Eine Hand wäscht die andere, oder auf Rumänisch: »Wladimir, so ich dir.«

Auf Druck der Europäischen Union richten Sie nun also eine Antikorruptionsbehörde ein, die »DNA«. Dummerweise wird die von einer aufrechten Staatsanwältin namens Laura Kövesi geleitet, die überraschend hart durchgreift. In den Jahren 2014 und 2015 gibt es jeweils über 1.000 Verhaftungen wegen Korruption. Hunderte wandern in den Knast, darunter nicht wenige Politiker. So war das nicht geplant. »Diese Frau Kövesi war ein echter Fehlgriff«, denken Sie. Wenn das so weitergeht, zieht hier noch der Rechtsstaat ein! Und langsam bekommen auch Sie Angst. »Nachher wandere ich auch noch in den Knast!«, denken Sie sich und hecken ein dreistes Gesetz aus. Es soll Amtsmissbrauch und Vorteilsnahme straffrei stellen, sofern es sich um Summen von weniger als umgerechnet 45.000 Euro handelt. Ein Schelm, wer Böses dabei denkt! Am 31. Januar 2017 tritt dieses Gesetz in Kraft. »Uff, das haben wir geschafft«, sagen Sie und lehnen sich im Chefsessel zurück. Aber plötzlich dringt Lärm von der Straße durch

Ihr Fenster. Ihr Mitarbeiter stürmt ins Büro und berichtet, dass sich mit den Jahren eine rumänische Zivilgesellschaft entwickelt hat, und die steht jetzt draußen und demonstriert gegen das Gesetz. »Zivilgesellschaft, was ist das denn nun wieder?« Hektisch googeln Sie das Wort, verstehen aber nur die Hälfte.

Auf den Straßen von Bukarest haben sich eine halbe Million Menschen zusammengefunden, auch in anderen Städten Rumäniens wird demonstriert. Im Jahr darauf reißen die Proteste nicht ab. Viele Auslandsrumänen aus Europa, Amerika und Asien fliegen im Urlaub nach Hause, um zu demonstrieren. Sie wollen es nicht länger hinnehmen, dass Politiker in ihrem Land sich die Taschen vollmachen. Viele schwenken dabei die Flagge der Europäischen Union. Europa bedeutet für sie nicht nur Subventionen, sondern rechtliche Standards, es bedeutet Werte.

Und dann ist da noch der Präsident Klaus Iohannis. Der hat politisch nicht viel zu sagen, aber er nervt gewaltig. Er ist einer von diesen Deutsch-Rumänen und war einst Bürgermeister von Sibiu (Hermannstadt). Dort hat er mit seiner korruptionsfreien Politik viele ausländische Investoren in die Stadt gelockt. »Schön und gut«, denken Sie sich, »aber so ganz ohne Korruption, da kommt doch der Wohlstand gar nicht bei uns Politikern an.« Und dieser Iohannis fordert nun auch noch ein Referendum über die korruptionsfreundliche Justizreform. Volksbefragung? Es wird immer verrückter! Aber weil ganz Europa mittlerweile auf Rumänien guckt, müssen Sie das jetzt durchziehen. Kombiniert mit der Europawahl 2019, sollen die Bürger darüber abstimmen. »Na gut«, denken Sie sich, »das Ergebnis ist eh nur eine Art Stimmungsbarometer, rechtlich bindend ist es nicht. Aber wenn die Rumänen die Justizreform mehrheitlich ablehnen, gibt es nur wieder Stress. Kann man da nicht was drehen?« Sie rechnen nach und stellen fest, es kann nur gefährlich werden, wenn die Wahlbeteiligung hoch ist. Hm, Wahlbeteiligung, dumdidum ...

Schnitt: Europawahl 2019. Die meisten Gegner der Justizreform leben im europäischen Ausland. Sie erleben tagtäglich, wie schön ein

Leben weitestgehend ohne Korruption sein kann, und man kann sich denken, wie sie abstimmen werden. Die Menschen geben in Scharen ihre Stimme in den rumänischen Konsulaten ab. Besser gesagt, sie wollen. Denn irgendwie geht es nicht voran. Lange Schlangen haben sich vor den Konsulaten gebildet. Was ist da los? Schließlich dringt die offizielle Erklärung für den Wählerstau nach außen: Die haben da drinnen nicht genügend Wahlurnen. Ein Schelm, wer Böses dabei denkt. Oder kurz: »Wahlbeteiligung, dumdidum ...« Um 21 Uhr ist Schluss. Tausende müssen unverrichteter Dinge abziehen, ihre Stimme ist futsch. Was heißt »fuchsteufelswild« auf Rumänisch?

Trotzdem wurde das Wahlergebnis zum Fanal. Dragneas »Sozialdemokraten« wurden vom Wähler abgestraft und sind nicht mehr stärkste Partei, die Justizreform wurde abgeschmettert (89 Prozent der Wähler haben sich dafür ausgesprochen, dass korrupte Amtspersonen konsequenter bestraft werden), und als Sahnehäubchen musste Dragnea zwei Tage später endgültig in den Knast, für dreieinhalb Jahre. Das Fernsehen übertrug seinen Abgang live. Außerdem lag die Wahlbeteiligung in Rumänien bei sensationellen 50 Prozent, im übrigen Osteuropa waren es durchschnittlich gerade mal 30 Prozent. Und das alles in einem Land voller »Working Poor«, wo jeder Fünfte von seiner Arbeit nicht leben kann und wo die Schere zwischen Arm und Reich die größte Europas ist. Damit nicht genug, bekommen hier rechte Parteien einfach keinen Stiefel auf den Boden. Die Rumänen wurden von der Politik betrogen, enttäuscht, vergessen – alles, was rechte Protestwähler so gerne als Rechtfertigung in die Mikrofone jammern, sei es in Polen, Ungarn oder Deutschland. Rumänien aber schickt uns nicht einen einzigen Rechtspopulisten ins Europaparlament. Multu mesc!

Partywissen: Der stärkste Laser der Welt!

Der stärkste Laser der Welt steht nicht in Kalifornien oder Japan, er steht in Magurele, einem kleinen Vorort von Bukarest. Das »Extreme Light Infrastructure«-Forschungsprojekt arbeitet hier an einer wahren Höllenmaschine, nur noch vergleichbar mit dem Dyson Airblade. *Das ist gut für Rumänien, denn Wissenschaft lockt die Hightechindustrie an, und die bringt andere Dinge mit sich: Bildung, Entwicklung, Infrastruktur – vorausgesetzt, die Wissenschaftler zerstören nicht versehentlich die ganze Welt. Das Gebäude hat Mauern wie ein Kernkraftwerk, denn der Superlaser erzeugt einen elektromagnetischen Puls, der so stark ist, dass er elektronische Geräte in der Umgebung zerstören könnte, selbst noch in Bukarest. Man erzeugt Blitze, mit denen man Kerne spalten und Teilchen beschleunigen kann. Auch wird man versuchen, bislang unentdeckte Elementarteilchen zu finden. Und man will eine lasergetriebene Neutronenquelle entwickeln, die verstecktes radioaktives Material aufspürt. Schurkenstaaten können bald einpacken. Aber vor allem die Leistung des Lasers ist nicht mehr von dieser Welt. Die Anlage in Magurele schafft locker 20 Petawatt – das sind 20 Billiarden Watt, eine Leistung so groß, als würde man die gesamte Sonnenstrahlung, die auf Nordamerika fällt, auf einen einzigen Fleck bündeln. Jeder Bond-Bösewicht würde sich den Arm abhacken, um an dieses Gerät zu kommen. Aber er würde es niemals finden, denn dass es in Rumänien steht, darauf kommt nun wirklich keiner.*

Verkehrssicherheit

Es ist ein Wunder, dass Sie noch leben! Schließlich sind Sie in Ihrem Leben sicher tausend Stunden Auto gefahren. Und nirgends können menschliche Schwächen so schnell tödlich werden wie im Auto. Geträumt: Bums, tot. Getextet: Bums, tot! Benjamin-Blümchen-Kassette im Fußraum gesucht: Bums, tot, töröö! So schnell kann's gehen. Für mich sind die Kreuze am Straßenrand bessere Warnhinweise als jedes Stoppschild, aber die Straße ist und bleibt ein Machobiotop. Testosteron im Stirnlappen bringt Autos mehr ins Schlingern als Öl auf der Fahrbahn. Es brauchte Hunderte Folgen von »Der siebte Sinn«, unzählige Baumaßnahmen, Erfindungen und harte Strafen, bis das Autofahren einigermaßen sicher wurde, aber es hat geklappt.

Ich war etwa sieben, acht Jahre alt, als ich das erste Mal im Leben ein Unfallauto zu Gesicht bekam. Diesen Anblick des Grauens werde ich mein Lebtag nicht vergessen! Er hat mich für alle Zeiten Respekt vor der Gefahr auf den Straßen gelehrt, obwohl zum Glück niemand dafür sterben musste.

Nur 50 Meter von unserem Haus entfernt hatte es geknallt, was wir Kinder nicht mitgekriegt hatten, denn wir spielten gerade im Garten. Natürlich sprach sich das Unglück schnell herum, doch als ich zum Unfallort gerannt kam, war der Krankenwagen schon wieder weg, nur ein zerquetschtes Auto stand da zwischen Glassplittern auf der Brücke. Wer den Totalschaden hat, braucht für den Schrott nicht zu sorgen. Erst viel später erfuhr ich, dass die Insassen (Vater, Mutter, Tochter) nur Platzwunden und einen Armbruch davongetragen hatten. Alles halb so wild. Aber beim Anblick des Autos wusste ich das nicht und durchlebte den bis dato größten Schreckmoment meines Lebens. Sitze und Fußraum waren von blutigen Haut- und Fleischfetzen übersät. Sogar auf dem Asphalt lagen Fleisch- und Knochenstücke verstreut. Meine Fantasie weigerte sich aus Jugendschutzgründen, mir das Geschehene auszumalen. Beim Anblick meines fahl-blassen Gesichts hätten Passanten fast noch mal den Krankenwagen gerufen. Aber die meisten grinsten nur, denn sie kannten die Erklärung für das grauenhafte Bild: Der Familienvater hatte kurz vor dem Unfall beim Metzger eine Tüte kostenloser Schlachtabfälle für den Hund geholt. Diese Tüte war bei dem Aufprall durch die Luft geschleudert worden, und der Inhalt lag nun überall herum. Ich aber musste die Bilder ohne dieses Wissen interpretieren und kam zu dem Schluss: Schon bei Auffahrunfällen mit mäßigem Tempo wird das Auto zur Häckselmaschine. »Also schnall dich an!« Aber die Zeiten haben sich geändert, und solch grauenhafte Momente für ein kleines Kind sind heute undenkbar, es gibt nämlich beim Metzger keine kostenlosen Schlachtabfälle mehr. Und fast alle Menschen schnallen sich an.

Die Gurtpflicht ist eine der simpelsten Maßnahmen, mit der man uns zum Überleben zwingt. Ich würde niemals unangeschnallt fahren, nicht mal bei 30 km/h. Laufen Sie doch mal zu Hause mit voller Wucht gegen den Türrahmen! Der Schmerz, den Sie dann fühlen, ist das Resultat von 5 km/h. Multiplizieren Sie das Aua mit 6, dann wissen Sie, warum Sie auch bei 30 km/h angeschnallt sein sollten.

Als die Gurtpflicht 1976 eingeführt wurde, galt sie erst mal nur für die Vordersitze, wir Kinder konnten auf dem Rücksitz noch immer herumturnen wie auf dem Spielplatz. Wir nervten also weiterhin die Eltern mit Griffen an den Vordersitz und Klassikern wie »Wann sind wir endlich da?«, »Ich hab Durst« oder »Mir ist langweilig«. Anfangs gab es enorme Proteste gegen die Gurtpflicht, die Deutschen reagierten empört und aggressiv auf eine Maßnahme, die doch ihr Leben retten sollte, so als wolle man die Menschen an ihre Autos ketten und auspeitschen. »Gefesselt ans Auto«, titelte der »Spiegel« am 8. Dezember

1975. Und so empfanden es viele Deutsche auch. Bis auf die Menschen in der SM-Szene, die sich dachten: »Hm ... gefesselt ans Auto. Klingt doch gut!« Obwohl völlig außer Frage stand, wie effektiv das Angurten ist, weigerten sich besonders die Männer, es zu tun. Die Cops in den Fernsehserien waren ja auch nicht angeschnallt. Und? Hatte es ihnen geschadet? Wenn der Amischlitten bei der Verfolgungsjagd von der Brücke flog, wurde keiner verletzt, der Held stolperte hinaus, klopfte sich den Staub von den Schlaghosen und machte zu Fuß weiter. Aber hier galten sowieso andere Regeln. Auch im schlimmsten Ghetto, wo es von Kriminellen nur so wimmelte, hat nie – wirklich niemals – ein Polizist sein Auto abgeschlossen. Oftmals steckte der Schlüssel noch, man hätte nur einsteigen und losfahren müssen, das passierte aber nie. Die Gangster würden die Cops anspucken, sich Schlägereien mit ihnen liefern oder von allen Seiten auf sie schießen – aber das Auto blieb unangetastet.

Zurück nach Deutschland. Es brauchte jahrelange Kontrollen und saftige Bußgelder, bis sich auch die Uneinsichtigen anschnallten. Heute fahren bestimmt 99 Prozent der Verkehrsteilnehmer mit Gurt. Sollte mal in Deutschland ein richtig übler Typ aus dem Auto auf Sie schießen, so wie im Gangsterfilm, können Sie sicher sein: Er ist angeschnallt. Sicher hat der Gurt schon Tausenden das Leben gerettet. Einmal wurden meine Eltern im stehenden Auto von einem anderen Fahrzeug gerammt, das etwa 70 km/h schnell fuhr. Sie kamen mit ein paar Blessuren davon – aber nur, weil sie angeschnallt waren, sonst hätten sie das nicht überlebt. Die Szene ereignete sich Mitte der Neunzigerjahre in Nordengland und war ziemlich verrückt. Der englische Bruchpilot, offensichtlich betrunken, kletterte aus seinem Auto und strullte erst einmal seelenruhig an einen Busch. Dann lief er um sein Auto herum, begutachtete den Schaden – und rannte wie von der Natter gebissen davon. Und warum tat er das? Weil er vorher angeschnallt gewesen war!

Heute fährt jedermann im Sicherheitsgurt, die Kinder natürlich perfekt vertaut in einer ergonomisch geformten Sitzschale, und nerven können sie auch nicht mehr. Klassiker wie »Wann sind wir endlich da?« hört man nicht mehr, weil die Kleinen auf dem HD-Tablet Serien gucken – vielleicht sogar Serien mit angeschnallten Cops, die ihr Auto im Ghetto abschließen.

Auch ABS und Fahrassistenzsysteme sind heute nicht mehr wegzudenken. Die Karosserien der meisten Autos sind viel stabiler als früher, und bevor der Sensenmann sich durch die vielen Airbags gekämpft hat, ist der Notarzt schon lange da. Autofahren wird dank moderner Technik jedes Jahr sicherer, und langfristig wird künstliche Intelligenz so gut wie alle unsere menschlichen Fehler ausmerzen. Aber es muss nicht immer Hightech sein. Verkehrskreisel sind um ein Vielfaches sicherer als Kreuzungen. Außerdem kann man in Ruhe prüfen, wo man abbiegen muss, und es macht Spaß, ein paar Extrarunden zu drehen. Ich habe schon manches Mal minutenlang im Kreisel meine Runden gedreht, einfach weil es so schön zur Musik passte. Wenn Sie Kinder haben, sparen Sie das Geld fürs Karussell, aber Vorsicht! Zu den Klassikern »Mir ist langweilig!« und »Ich hab Durst« kommt dann schnell noch: »Ich muss kotzen!«

Schweden, Vorreiter in Sachen Verkehrssicherheit, hat noch weitere simple Baumaßnahmen eingeführt. Ein Mittelzaun, der die gegenläufigen Fahrbahnen voneinander trennt (so wie auf der Autobahn), kann bis zu 90 Prozent der Unfälle auf Landstraßen verhindern. Die Skandinavier haben sich mit der »Vision Zero« ein tolles Ziel gesetzt: Bis 2020 wollten sie null Verkehrstote erreicht haben. (Im März 2020 war man noch nicht wirklich bei null, musste aber lediglich 208 Unfalltote der letzten zwölf Monate betrauern.) Dafür hat man sich von den Versicherungen sämtliche aktenkundigen Unfallberichte geben lassen und ausgewertet, um herauszufinden, wie Unfälle entstehen und welche Abläufe zu welchen Schäden führen. So fanden die Schweden zu überraschend einfachen Strategien, zum Beispiel statt 50 nur noch Tempo 30 in geschlossenen Ortschaften. Diese 20 km/h weniger sind effektiver, als man denkt. Der Bremsweg verkürzt sich von 25 auf neun Meter, und die dabei gewonnene Sicherheit ist enorm. Einfach ausgedrückt, wenn Sie einen Fußgänger anfahren, ist er bei 50 km/h fast sicher tot und bei 30 km/h fast sicher am Leben.

Die »Vision Zero« schlägt auch Wellen im Ausland. Immer mehr Länder laden schwedische Experten ein, sie in puncto Sicherheit zu beraten. Der Volvo-Konzern folgte der schwedischen Regierung mit seiner »Vision 2020«. Ab dem Jahr 2020 sollte kein Mensch mehr in einem neuen Volvo getötet oder schwer verletzt werden. Dieses Traumergebnis hat man leider nicht erreicht, Sie können also weiterhin einen Kleinwagen fahren. Da die Schweden-Böcke ohnehin sehr teuer sind, habe ich für Sie ausgerechnet, dass ein Mittelklassewagen zum halben Volvo-Preis im Prinzip dasselbe Safety-Result erbringt: Der Trick ist nämlich, dass Sie grob 20.000 Euro sparen würden. Mit dem Geld decken Sie sich dann mit Bahncards 100 für die nächsten fünf Jahre ein. Der Wagen bleibt in der Garage. So kommen Sie absolut sicher von A nach B, und die Nachbarn staunen auch noch über den Top-Zustand ihrer Limousine, die offenbar überhaupt nicht altert.

Das Thema Alkohol am Steuer hat einen erstaunlichen Imagewandel durchlaufen, bis 1953 war es noch nicht mal eine Ordnungswidrigkeit. Das heißt, wenn Sie sturzbetrunken Auto fuhren, konnte Ihnen keiner was. Dann erst wurde die erste Grenze eingeführt, bei 1,5 Promille. Das muss man sich auf der Zunge zergehen lassen wie einen guten Whisky: 1,5 Promille. Das wäre bei mir eine ganze Flasche Wein. Mein Fahrschullehrer sagte immer: »Mit 1,5 Promille können Sie beim Fahren ruhig die Augen schließen, da fahren Sie, statistisch gesehen, sogar sicherer.«

Der Erfolg aller bisherigen politischen und technischen Maßnahmen ist auch in Deutschland sensationell. 1957 gab es in Deutschland 13.004 Verkehrstote. 2019 waren es 3046. Weniger als ein Viertel! Natürlich kann man die Zahlen nicht vergleichen. Der Grund: 1957 gab es bei uns nur 6,4 Millionen Autos, heute sind es 55,6 Millionen. Hätte sich nichts geändert, würden in Deutschland jedes Jahr Hunderttausende im Straßenverkehr sterben. Es sind aber nur 3.206. Großartig! Wir haben das Risiko, auf der Straße zu sterben, auf ein Hundertstel reduziert, vielleicht schaffen wir es noch auf ein Tausendstel; aber welche Schlagzeile würden die Medien daraus machen? »Panik bei den Samaritern: Rettungssanitäter bangen um Jobs!«

Flugsicherheit

Im Jahr 2017 passierte etwas Bemerkenswertes in der zivilen Luftfahrt: Es passierte nichts. Es gab keine Toten bei Passagierflügen
(Frachtflugzeuge und kleine private Maschinen nicht mit einge-
rechnet, aber selbst da gab es nicht viele Unfälle). Man stelle sich
das Gewimmel vor am Flughafen in Frankfurt, Chicago, Dubai
oder Hongkong! 365 Tage lang. 4,1 Milliarden Passagiere steigen
ein und aus, und am Ende gibt es nicht einen Toten. – Na gut, ein
paar sind gestorben, aber daran war nicht der Pilot schuld, sondern das Essen.

Ich bin gar kein Technikfreak, aber vor ein paar Jahren besuchte ich
mit Spannung das Technikmuseum in Speyer, denn ich wollte endlich mal eine Boeing 747 ganz ohne Flugangst betreten. Die alte Lady
steht da, in 20 Meter Höhe aufgebockt, mitten in Speyer. Wenn man
den riesigen Jet erblickt, der zwischen den Dächern herausragt, als
würde er gerade starten, kann man sich vorstellen, dass schon einige psychisch Kranke wütend ihre Medikamente in die Mülleimer der
Domstadt geworfen haben.

Über dem Eingang des Museums hängt ein Nachbau von Otto Li-
lienthals erstem Gleitflugzeug. Später steigt man zu der Boeing 747
hinauf, in deren Innenraum der Boden teils entfernt wurde, um die
darunter liegende Technik sichtbar zu machen. Ich sah auf das Gewirr
aus Zehntausenden Drähten und Schaltungen, und es machte »ping«
in meinem Kopf, wie das Signal zum Anschnallen, als mir klar wurde:
Zwischen dem primitiven Holzgleiter am Eingang und diesem High-
techwunder lagen nicht einmal 80 Jahre! Ein wunderbares Bild für

die Explosion von Wissen und Technik. Jahrtausendelang träumte der Mensch einen Traum, der vollkommen unerreichbar schien, und heute sitzen wir in 10.000 Meter Höhe und leben diesen Traum. Es ist die Erfüllung eines Traums, den Menschen seit der Steinzeit am Lagerfeuer träumten, während sie zu den Wolken aufblickten und dachten: »Einmal dort oben Tomatensaft trinken …« Mit den Worten Loriots: »Der Mensch ist das einzige Lebewesen auf der Erde, das während des Fluges eine warme Mahlzeit zu sich nimmt.«

Der Mensch ist aber auch das einzige Lebewesen, das vor lauter Flugangst in die Sitzlehne beißt. Dabei ist diese Angst vollkommen unbegründet, Autofahren ist viel gefährlicher als Fliegen. Denn in der Luftfahrt hat man in den letzten Jahrzehnten die Sicherheit um den Faktor 1000 verbessert. »Wenn Sie mit dem Auto am Flughafen angekommen sind, haben Sie das Schlimmste hinter sich«, sagt der Risikoforscher Gerd Giegerenzer. Da versteht man, warum ausgerechnet Nicki Lauda eine Airline gründete und kein Busunternehmen.

15 Prozent der Deutschen bekennen sich zu ihrer Flugangst, Busfahrangst oder Taxiphobie findet man hingegen selten. Ich selber kämpfe immer noch mit einer leichten Flugangst, aber wenn ich ins Taxi steige, ist meine einzige Sorge, dass der Fahrer mich bescheißt. So wie ich im Flieger nervös auf die Tragfläche starre, behalte ich hier immer das Taxometer im Auge. Aber sonst? Noch nie saß ich im Taxi mit schweißnassen Händen, noch nie hat mich ein seltsames Geräusch am Fahrgestell des Daimlers unruhig werden lassen, und wenn es ordentlich ruckelt, finde ich das sogar sportlich.

Flugangst ist natürlich nicht verkehrt. Otto Lilienthal hatte keine und war dann auch schnell tot: abgestürzt. Aber er hatte auch nicht so viele Flugstunden absolviert wie die Männer und Frauen, die heutzutage vor uns im Cockpit sitzen. Regelmäßiges Training im Full-Flight-Simulator ist Pflicht. So gut wie alle Piloten sind Überzeugungstäter, nach ihrem Hobby gefragt, antworten 99 Prozent aller Piloten: »Fliegen!« Ich finde das beruhigend, auch wenn ich diese Erkenntnis teuer bezahlt habe.

In der zehnten Klasse war ich mit dem Schüleraustausch in Frankreich. Der Vater meiner Austauschschülerin war Co-Pilot eines Airbus. Um vom stressigen Pilotenjob mal richtig abschalten zu können, gab es für ihn nur eines: fliegen. Er besaß allein zwei Segelflugzeuge. An einem Sonntagmittag im Mai nahm er mich mit zum Flugplatz, weil seine Frau gerade keine Lust hatte, sie würde lieber Kuchen backen, meinte er. So bescherte er mir den ersten Flug meines Lebens. Mein Fazit: Mach nie den ersten Flug deines Lebens mit einem Profipiloten! Und falls doch: vorher bloß kein Frühstück! Profipiloten langweilen sich sehr schnell, wenn alles normal verläuft. Ich hatte auf dem Vordersitz Platz genommen und mich auf einen gemütlichen Aussichtsflug über Compiegne gefreut; Minuten später fand ich mich in einer durchgedrehten Flugshow wieder. Mein Pilotenfreund vergnügte sich mit einer Serie von Sturzflügen im 90-Grad-Winkel zur Erde und anderen Kunstflugmanövern. Wenn der Gleiter senkrecht nach unten saust, hört man nur noch das schrille Pfeifen des Fahrtwinds und das Klappern sämtlicher Bauteile. Und der Magen denkt sich seinen Teil. Von außen sahen wir vielleicht aus wie eine fröhlich tanzende Libelle am Himmel, aber im Innern des Flugzeugs krallte ich mich jedes Mal panisch in die Seiten, bis der Pilot den Gleiter wieder hochriss. Mein eigenes Leben lief als Film vor mir ab, was mich etwas entspannte (auch wenn die Sache mit Susanne völlig falsch dargestellt war!), aber die 16 Jahre waren schnell auserzählt, und schon war ich wieder mittendrin in meinem Horrorflugzeug. Viele Menschen wundern sich, woher ihre Flugangst eigentlich kommt – ich nicht. Ich begriff nun auch, warum die Frau meines Flugvaters lieber zu Hause Kuchen backen wollte. Nach 45 Minuten hatte der irre Pilot Erbarmen mit mir und setzte die weiße Röhre wieder sicher auf französischen Boden. Wäre ich ein feindlicher Agent gewesen, hätte er spätestens jetzt alles aus mir herausgekriegt. Er klopfte mir anerkennend auf die Schulter, murmelte ein »Très bien!« und meinte, fürs allererste Mal habe mein Magen erstaunlich lange durchgehalten. Dann schenkte er mir die unbenutzte Spucktüte, quasi als Pokal für meine Standhaftigkeit. Das Kompliment war verfrüht: Sobald ich ausgestiegen war, kam mir das komplette Frühstück wieder hoch. Ich denke, ich hatte nur deshalb nicht schon früher gekotzt, weil selbst mein Würgereflex sich nicht sicher war, wo oben und unten ist. (Übrigens kann man auf eBay die Speitüten berühmter Airlines erstehen – natürlich unbenutzt. Wer kauft schon gern die Kotze im Sack!)

Trotzdem sage ich: In der Obhut eines Piloten sind Sie sicher. Ein altes Fliegerbonmot lautet: »Ein guter Pilot hat gleich viele Starts wie Landungen.« Und 99,99 Prozent der Pilotinnen haben genau diese Bilanz. Fliegen ist für sie nicht nur ein Job, es ist eine Leidenschaft. Die Aufnahmeprüfungen sind hart, und Piloten wie Flugbegleiter werden permanent nachgetestet. Und wer bei dem Test durchfällt, der fliegt. Für eine einfache Stewardess gelten weit höhere Standards als für den Topmanager, der alles an die Wand fahren kann und trotzdem Millionen kassiert. Piloten sind Fliegernerds. In ihrer Freizeit fliegen sie, und wenn sie mal nicht fliegen, spielen sie auf dem iPad mit der Flugsimulator-App die Landung in Chicago O'Hare durch – zum Spaß. In keiner Branche ist außerdem die Fehlerkultur so progressiv. Jedes Unglück wird genauestens analysiert und bringt so ironischerweise mehr Sicherheit. Damit wir alle in Ruhe den uralten Traum leben können: in 10.000 Meter Höhe Tomatensaft zu trinken.

Die Jugend

»Die Jugend liebt heutzutage den Luxus. Sie hat schlechte Manieren, verachtet die Autorität, hat keinen Respekt vor den älteren Leuten und schwatzt, wo sie arbeiten sollte. Die jungen Leute [...] widersprechen ihren Eltern, schwadronieren in der Gesellschaft, verschlingen bei Tisch die Süßspeisen, legen die Beine übereinander und tyrannisieren ihre Lehrer.« (Sokrates, 5. Jahrhundert v. Chr.)

Ob Sokrates das wirklich gesagt hat, ist nicht gesichert, trotzdem dürfen wir annehmen, dass schon zu seiner Zeit Erwachsene ganz selbstverständlich die Jüngeren bashten. Jede Generation motzt über die Jugend. Seit Jahrtausenden geht das schon so, und auch heute sind die Älteren angewidert vom U20-Pöbel. Die Vorwürfe sind immer dieselben: »Ihr seid dumm, faul und ungezogen.« Jede Generation ist also noch dümmer, frecher und bequemer als die davor. Die Menschheit steuert auf die totale Verblödung zu, noch ein paar Generationen, und es bleiben nur noch strunzdumme, sabbernde Analphabeten übrig, die totale De-Generation. Und die Alten haben es immer gewusst. Hätten wir doch auf sie gehört! Was mich aber am meisten interessiert: Sie waren doch auch mal jung und grenzdebil. Wie haben sie dann das Ruder noch mal herumgerissen?

Heute degeneriert man am Handy, davor am Computer, davor beim Videogucken, davor beim Fernsehen, davor mit Comics und immer so weiter. Jede Generation der Vergangenheit war etwas schlauer als ihre Nachfahren, und wenn man ganz weit zurückgeht, summiert sich das, man landet in einem Salon voll edel gebildeter Feinstmenschen, wo selbst eine Mischung aus Sloterdijk, Jesus und Sky du Mont als grunzender Prolet erschiene.

Besonders in den Siebzigerjahren haben die Älteren die Jugend geradezu verachtet. »Aus euch wird nie was! Früher hätte man euch ...«, brüllten die Opas den Proteststudenten hinterher. 50 Jahre später hat die so gescholtene Generation die Welt mit Computern zugeschissen und nebenher zu einem friedlicheren Ort gemacht. Die Alten, die so empört schrien, waren übrigens die, die Europa in Schutt und Asche gelegt hatten. Angenommen, Sie sind heute 80 Jahre alt und lesen folgende Schreckensmeldung in der Zeitung:
»Die Jugendlichen strömten zu Hunderten in die Innenstadt. Sobald die Polizei auftauchte, begann ein vielstimmiges Gejohle. Dann feierte die blinde Zerstörungswut Triumphe. Man warf Verkehrsschilder um, riss Weihnachtsgirlanden von den Geschäften und zertrümmerte Scheiben."

Angewidert klatschen Sie die Zeitung auf den Tisch und grummeln irgendwas zwischen »Mehr Polizei!« und »Arbeitslager!« Nur ist das kein Bericht von den Stuttgarter Krawallen im Juni 2020, sondern ein Text aus der »Westdeutschen Allgemeinen Zeitung« vom 12. Dezember 1956. Es waren auch keine G20-Demonstranten, die eine Wut im Bauch hatten über einen zügellosen Neoliberalismus, der die Früchte menschlicher Arbeit an den Menschen vorbei auf die Cayman Islands pumpt, sondern unpolitische Jungs, die gerade aus dem Kino kamen. Sie hatten *Die Halbstarken* mit Horst Buchholz gesehen. Das war alles. Sie randalierten aus Spaß an der Freud. Wenn Sie jetzt 80 Jahre alt sind, dann haben Sie vielleicht sogar mit randaliert. Heute machen wir uns Sorgen, Alpha-Rapper wie Kollegha könnten einen schlechten Einfluss auf die Jugend ausüben, damals reichte Horst Buchholz. In den Fünfzigerjahren gab es rund 90 Ausschreittungen dieser Art, auch in der DDR, wie der Historiker Bodo Mrozek in einem »Spiegel«-Interview berichtete. Ich habe noch mehr Artikel aus dieser Zeit gesammelt, etwa über Teenager, die im Kino brüllen, pöbeln und mit Bierflaschen werfen.

Was wäre bei uns los, wenn auf der Deutschlandtournee von Jay-Z nach jedem einzelnen Konzert das Publikum die Halle zertrümmern würde? »Hart aber fair« als Dauersendung, Polizeipräsidenten in den »Tagesthemen« und Prominente, die twittern: »Je suis Konzerthalle«. Rechtsextreme würden nach Bundeswehreinsatz und Todesstrafe rufen, und islamistische Terroristen wären stinksauer, weil sie in den Medien überhaupt nicht mehr vorkommen. Aber dieses Beispiel stammt auch aus den Fünfzigerjahren. Die gesamte Bill-Haley-Tournee 1958 wurde trotz ausverkaufter Häuser zum Fiasko für den Veranstalter, weil nach jeder Show die Halle zerstört wurde. In Berlin zertrümmerten die Zuschauer nicht nur alle Stühle, sondern schredderten auch noch das gesamte Bühnenequipment samt Tonanlage. Fazit des Veranstalters: »Mit Rock 'n' Roll bin ich durch, so was kann ich nicht mehr versichern!«

Ich habe neugierig nach ähnlichen Exzessen der Gegenwart gesucht, aber nichts gefunden außer einen »Gewaltausbruch« beim Schlossgarten-Musikfestival in Darmstadt 2018. (Allerdings hatte zuvor dort Nena das Publikum gequält, gemessen daran, ist das Ganze also noch glimpflich abgelaufen.) Natürlich gibt es heute professionelle Security, die möglichen Aufruhr schon im Keim erstickt. Aber niemand könnte die Fans daran hindern, sich irgendwo in der Stadt noch einen schönen Vandalenabend zu machen wie die Buchholz-Fans – indes, sie tun es nicht. Der Youngster von heute muss ja erst mal Selfies und Videos hochladen (»Jay-Z – alt, aber stabil«), und dann hat ja Dominik noch ein bisschen Gras dabei. Das kann man noch ganz gechillt am Brunnen wegrauchen. Wer jetzt noch mit Bierflaschen wirft, kriegt eh nur Ärger mit dem Dönerverkäufer. Verkehrsschilder umreißen? Warum eigentlich? Fazit: Die schlimmsten Gewalttäter, die heute in Deutschland leben, sind Männer zwischen 70 und 80 Machen Sie sich das bitte klar, wenn Opa mal wieder zum Kaffee vorbeischaut.

Auch in meinem Bekanntenkreis kursieren immer wieder Geschichten von explodierender Jugendkriminalität und gesetzlosen

Straßenzügen, wo die Butterfly-Messer aufblitzen. Die Polizeistatistiken von Nordrhein-Westfalen sagen etwas anderes. Von 2006 bis 2016 hat die Entwicklung so ausgesehen:

- Straftaten von unter 21-Jährigen: um 20 Prozent gesunken
- Schwere Körperverletzung und Tötungsdelikte: um 26 Prozent gesunken
- Raub: um 35 Prozent gesunken

Das ist ein Erdrutsch! Hinzu kommt, dass circa 60 Prozent aller Straftaten einmalige Kurzschlusshandlungen sind, das heißt, Kevin wird es aller Erfahrung nach nicht wieder tun. Und die restlichen Straftaten teilen sich einige wenige Wiederholungstäter, meist wohnhaft in Problemvierteln. Dort stehen dann die Kamerateams Schlange und drehen ihre Katastrophenreportagen. Von den wunderbaren Erfolgen in der Jugendarbeit berichten sie nicht. Ich habe mal mein Soloprogramm in einem Haus gespielt, in dem städtische Jugendarbeit stattfand. Der Leiter erzählte mir, dass das Fernsehen angerufen habe, um einen Drehtermin zu vereinbaren. Im Laufe des Gesprächs fragte der Medienmensch, welche krassen Storys denn in letzter Zeit so passiert seien. Die Antwort: »Nichts, bei uns läuft das momentan sehr gut, sodass keine Jugendlichen straffällig sind.« Darauf der Medienmensch: »Das hätten Sie doch gleich sagen können, dass bei Ihnen gar nichts passiert. Was sollen wir denn da berichten?« Wenn alles prima läuft, gibt es nichts zu berichten. Mehr muss man über die Medien nicht wissen.

Die real existierende Jugend sitzt derweil am Brunnen und kifft. Zweifler halten natürlich die positiven Zahlen für Grünen-Propaganda. Nun gut, dann schauen wir eben auf die Statistiken der Versicherungen. Die sind unbestechlich, denn Schönfärberei würde sie bares Geld kosten. Tatsächlich zeigen Zahlen der Deutschen Gesetzlichen Unfallversicherung, dass es 2017 nur noch halb so viele Raufunfälle an deutschen Schulen gab wie 1999 (von 143.878 auf 72.432). Die lebensgefährlichen Verletzungen bei Schulhofprügeleien sanken in den letzten 22 Jahren um ganze 69 Prozent. Jugendliche prügeln immer weniger, trotz anhaltender Einwanderung übrigens. Obwohl: Es stimmt tatsächlich, dass Jungen aus Migrantenfamilien häufiger Gewaltdelikte begehen (Aufatmen bei AfDlern), aber auch hier sind wir längst über den Berg (Stirnrunzeln bei AfDlern). Der Berg lag ungefähr im Jahr 2000. In einer Radiosendung berichtete der ehemalige niedersächsische Justizminister Professor Christian Pfeiffer, wie sich die deutschtürkische Community in Niedersachsen verändert hat: Im Jahr 2000 waren noch 40 Prozent von ihnen mit patriarchaler Gewalt einverstanden; 2018 fanden nur noch 10 Prozent der Deutsch-Türken einen prügelnden Macho toll.

Wenn ich über Gewalt diskutiere, packen 90 Prozent meiner Gesprächspartner irgendwann diesen Satz aus: »Früher hat man aufgehört, wenn einer am Boden lag. Aber heute ...« Heute liegt doch keiner mehr am Boden, es wird weniger geprügelt, könnte ich antworten. Oder aber ganz früher, zu Opas Zeiten, hat man tatsächlich aufgehört, wenn einer am Boden lag – wer am Boden lag, war nämlich tot. Aber es stimmt schon, manche prügeln weiter, auch wenn das Opfer am Boden liegt. Aber woher wissen eigentlich alle so genau, dass es früher solche Typen nicht gab? Doch, die gab es früher wie heute, sie fallen nur heute mehr auf, weil sie fast die Einzigen sind, die überhaupt noch prügeln.

Die Gewalt unter Jugendlichen sinkt, das ist unstrittig. Wie haben wir das geschafft? Ich habe schon an anderer Stelle erwähnt, dass die Deutschen ihre Kinder nicht mehr schlagen. Die Hand rutscht uns kaum noch aus (sonst fällt ja auch nur das teure Smartphone runter). Da liegt es nahe zu vermuten, dass die Währung Gewalt auch auf dem Schulhof an Wert verloren hat. Und genau das hat nun eine kanadische Studie aus dem Jahr 2018 bestätigt. 400.000 junge Menschen rund um den Erdball gaben Auskunft über prügeln und geprügelt werden, Ergebnis: Wer nicht von den Eltern geschlagen wird, der schlägt auch nicht. Das beweist nicht unbedingt, dass das eine das andere bedingt, aber sollte beides wirklich nichts miteinander zu tun haben, dann esse ich meinen Schlagring!

Wer sich heute noch vor Jugendlichen gruseln will, muss schon in die Vergangenheit reisen.

Wie schlimm die Alten waren, erfährt man zum Beispiel, wenn man auf YouTube die Schlagwörter »Jugendgewalt«, »Gangs« und »Sechziger-, Siebzigerjahre« eingibt. Da findet man schockierende Porträts von jungen Langhaarigen, die auf brummenden Mopeds wippen und von ihren liebsten Hobbys erzählen: Streit suchen, prügeln, randalieren. Nicht zu vergessen die Gepflogenheit, Passanten anzupöbeln. Die Punks der Achtzigerjahre vertrieben sich damit noch die Zeit beim Gammeln auf deutschen Marktplätzen. Als Teenager ging ich mal mit Wanderschuhen an einer Gruppe dieser Bierdosenhalter vorbei. »Ey, du Seppel!«, war der Kommentar eines rülpsenden Irokesen. Ich konterte mit Tina Turner: »We don't need another Iro!«

Pöbeleien wie diese habe ich seit mindestens 20 Jahren nicht mehr erlebt. Die Stimmung im Alltag empfinde ich heute als weniger aggressiv. Natürlich muss man bei Statistiken ein bisschen auch die Demografie mit einrechnen. Es gibt prozentual heute weniger Jugendliche als in den Siebzigern. Und weniger Jugendliche heißt weniger Prügel. Um auf dieselbe Gewaltstatistik zu kommen wie in der Vergangenheit, müsste heute ein Gewaltbereiter fünf Schlägereien pro Tag anzetteln – das ist nun wirklich zu viel verlangt. Aber der demografische Wandel ist nicht allein Ursache für den Rückgang der Gewalt. Dass viele Menschen heute von Verrohung der Jugend sprechen, erklären Soziologen damit, dass wir in Bezug auf Gewalt sensibler geworden sind. Wenn heute jemand zuschlägt, sind wir alarmierter als früher, und nicht wenige leitet das zu dem Fehlschluss, dieser »Ausreißer« repräsentiere die gesamte Jugend.

Die Punk-Bewegung war mir übrigens sehr sympathisch, trotz ihrer rabiaten Art. Sie war die logische Antwort auf eine Elterngeneration, die immer angepasst und fleißig war, aber am Ende doch ratlos und unglücklich im Eigenheim verendete. »Birth – School – Work – Death«. Mehr Worte braucht es nicht, um das Elend zu beschreiben, da hatten The Godfathers absolut recht. Und »No Future!« auf der Lederjacke war das Stoppschild für jedes Argument. Wer keine Zukunft will, muss nicht mehr diskutieren.

Ein Soziologe bemerkte vor Kurzem, Salafismus sei der neue Punk. Eine brillante Beobachtung! Salafisten lehnen den Dresscode der Gesellschaft ab, genau wie die Punks. Sie lehnen die Wertevorstellungen ab, ganz wie die Punks. Und dann sprengen sie sich in die Luft – wenn das nicht »No Future« ist.

Die Punks von damals haben die »No Future«-Parole am Ende nicht wirklich ernst genommen, viele haben sich sogar angeschnallt und sind heute rechtschaffene Mitglieder unserer Gesellschaft. Punk hieß für sie eher, eine Woche lang nicht zu duschen. »No Shower!« hätte auch gut gepasst. Ihre Kinder fragen sich verzweifelt, womit sie ihre Eltern noch schocken können. Einige ziehen sich Helene Fischer in die Spotify-Playlist – Jugendliche können grausam sein, das muss auch ich gestehen. In meinen Albträumen singt Helene Fischer eine affirmative Coverversion von »Birth – School – Work – Death«. Und Tausende Kids brüllen mit: »Geburt, Schule, Arbeit und Tod, aa-ha, oo-ho.«

Kurz vor Veröffentlichung dieses Buches geisterten dann noch die Stuttgarter Krawalle durch die Medien. War ich zu blauäugig? Sollte ich dieses Kapitel wieder löschen? Ganz klar: nein! Natürlich, die Videos aus Stuttgart waren beängstigend: Gewaltbereite Jugendliche plündern und randalieren wahllos. Aber so ganz wahllos war es dann doch nicht. In der »taz« stand zu lesen:

»Tatsächlich blieb etwa eine breite Fassade des Moderiesen Primark völlig heil, während die Schaufenster des Traditionsbetriebs ›Wolle Rödel‹ oder der Wohlfühlschuhmarke ›Geox‹ zu Bruch gingen.«

Die Randale der konsumgeilen Kids hat ihre Grenzen, man will ja nicht am Montagmorgen vor verschlossenen Türen stehen, wenn man neue Sweatpants braucht. Und so ganz aus dem Blauen kamen die Tumulte auch nicht. Sie waren teils Reaktion auf den Mord am Afroamerikaner George Floyd, teils auf die monatelangen Corona-Maßnahmen des Staates. Die Hälfte der Festgenommenen waren männliche Immigranten im Teenageralter. Die leben selten im Eigenheim mit Garten, eher zu fünft in einer engen Wohnung; die Schule ist geschlossen, die Berufsschule auch; Jugendzentrum geschlossen, Arbeitsamt geschlossen, Shisha-Bar geschlossen. Nirgends kann man hin. Was bleibt, ist das Rumlungern in der Stadt mit Capital Bra aus den Boxen und etwas Gras. Und dann sprengen Uniformierte die Kifferrunde. Man muss kein Jugendexperte sein, um zu ahnen, was als Nächstes passiert. »Die Hölle morgen früh ist mir egal / Egal, wie oft ich noch zu Boden knall!«, singt Helene Fischer.

Intelligenz

Bei der Aufnahmeprüfung fürs Hochbegabtengymnasium muss man am Zauberwürfel alle sechs Seiten schaffen, wer nur fünf schafft, ist durchgefallen. Der war gut, oder? Wenn Sie jetzt nicht lachen, sind Sie garantiert nicht hochbegabt. Ich bin es leider auch nicht und deshalb sehr stolz auf diesen Witz, der mir in einem meiner lichten Momente eingefallen ist. Mit meinem bescheidenen IQ wäre ich allerdings vor 100 Jahren locker als Hochbegabter durchgegangen, denn Forscher in den letzten 50 Jahren staunten nicht schlecht, als sie feststellten, dass wir Menschen immer intelligenter werden.

In dem Buch *Warum es uns noch nie so gut ging und wir trotzdem ständig von Krisen reden* des Soziologen Martin Schröder las ich: »Mitte des 20. Jahrhunderts bemerkte der Psychologe Read Tuddenham, dass amerikanische Soldaten des Zweiten Weltkriegs 15 IQ-Punkte besser waren als Soldaten des Ersten Weltkriegs. Ein durchschnittlicher Soldat im Zweiten Weltkrieg war cleverer als 80 Prozent der Soldaten 25 Jahre vorher.« Mein sehr intelligenter Einwand: Warum eigentlich die Intelligenz so vieler Soldaten messen? Ein Blick auf die Intelligenz weniger Politiker wäre viel effektiver gewesen.

Die Psychologen rätselten lange herum, was mit ihrem Messverfahren nicht stimmen könnte. Aber sie fanden keine Fehler, irgendwann gaben sie auf und stellten fest: Der Mensch wird halt immer schlauer, da kann man wohl nichts machen. Sie hoben das Glas und sagten: »So dumm kommen wir nicht mehr zusammen!« In Neuseeland arbeitete der Politologe James R. Flynn sich lange an diesem

Phänomen ab, deshalb wurde es nach ihm benannt und geistert seither als Flynn-Effekt durch die Feuilletons. Mittlerweile sind wir Menschen ganze 30 IQ-Punkte schlauer als die Leute vor 100 Jahren. Das heißt allerdings nicht, dass wir alle Genies sind, sondern dass die ganz Dummen immer weniger werden. »Keine guten Aussichten für das Privatfernsehen!«, wäre der Reflex eines klassischen Kabarettisten. Oder auch: »Komisch, die Wahlergebnisse spiegeln das nicht wider.« Aber die Welt von heute ist komplexer, als das Kabarett es gerne hätte. Die höchste Professorendichte im Bundestag findet man in der Fraktion der AfD.

Bei der Erklärung des Flynn-Effekts sind die Wissenschaftler sich bis heute nicht ganz sicher (oder einfach zu blöd). Mitnichten ist der IQ ausschließlich genetisch determiniert. Nach aktuellem Stand der Forschung sind die Gene nur für 20 bis 50 Prozent der kognitiven Performance verantwortlich. Die Umwelt scheint größeren Einfluss auf die Intelligenz zu haben, als wir vermutet haben. Immer mehr Menschen sind gut ernährt und gehen länger zur Schule als früher, immer mehr leben in großen Städten, immer mehr Menschen müssen wirre Zeichnungen von Ikea interpretieren. Fast jeder von uns in Deutschland kann lesen und schreiben, und Handyverträge oder Hartz-4-Formulare sind so kompliziert, dass Soldaten aus zwei Weltkriegen sich zurück in den Schützengraben gewünscht hätten. Wir leben in einer Umwelt, die unsere Intelligenz mehr fordert, und in einer Gesellschaft, in der Intelligenz belohnt wird. Meine Steuerberaterin weiß, was ich meine.

Auch unsere Beziehungen sind viel unübersichtlicher als vor 100 Jahren und erfordern deshalb viel Denkarbeit. Früher heiratete man mit 20 und zwei Menschen dämmerten gemütlich dem Ende entgegen. Diese Zeiten sind vorbei. Heute lebt man in Patchworkfamilien mit drei Kindern aus vier Ehen, Unterhaltszahlungen von drei Konten, Leasingverträge und nebenher noch One-Night-Stands und Affären, das verlangt dem Hirn schon einiges ab. Denken wir an den Wetterfrosch und Schwerenöter Jörg Schnackselmann, der ganze acht

Geliebte parallel am Start hatte. Wie immer man das moralisch bewertet: Beim *Scheduling* macht ihm keiner was vor. Acht Frauen, und keine darf etwas von den anderen wissen. Termine müssen gemacht und Ausreden erfunden werden, man darf nicht durcheinanderkommen. Ein simpler, aber schlauer Trick des Wetterverkäufers war die Einführung des einheitlichen Kosenamens »Lausemädchen« für alle acht Partnerinnen. Das vermeidet peinliche Versprecher beim Bluseaufknöpfen, den Überblick zu behalten bleibt aber dennoch anstrengend: »Habe ich jetzt die teure Uhr dem Lausemädchen Nummer 7 geschenkt oder war das Nummer 4?« Hinzu kommt, dass weibliche Emotionen angeblich weniger vorhersagbar sind als das Wetter. Kuschelmanns polyamouröses Treiben war moralisch verwerflich, aber sicher auch nicht einfach.

– Liebling, kann es sein, dass da eine andere Frau im Spiel ist?
– Eine? Schön wär's!
– Angeklagter, haben Sie diese Frau geschlagen?
– Puh, das kann ich ohne meinen Terminplaner nicht beantworten.
In diesem Ameisenhaufen aus Anwälten, Finanzberatern und Lausemädchen terminlich den Überblick zu behalten, das war zumindest logistisch herausragend. Sollte Schnackselmann mal ein Buch über Zeitmanagement schreiben: Ich kaufe es!

Nun aber eine schlechte Nachricht. Seit einiger Zeit stagniert die menschliche Intelligenz. Jedenfalls steigt sie nicht mehr weiter in den Messungen der Forscher, und es könnte sogar sein, dass sie wieder leicht abnimmt. Die Stagnation begann in den Neunzigerjahren, also in der Zeit, als vollkommen hirnlose Bumsmucke die Hitparaden stürmte. Ausnahme: Scooter mit »How much is the Fish?« Nach »Hyper Hyper«, »Move your ass« und »Jigga, jigga« verblüffte Fronthirsch H. P. Baxxter die Welt mit dieser rätselhaften Textzeile. »How much is the Fish?« – Was steckt hinter der Grätchen-Frage? War Baxxter ein Vorbote von Extinction Rebellion und warnte vor der Überfischung der Meere? Oder war er einfach nur kurzsichtig und konnte bei Nordsee die Preisschilder nicht entziffern? Oder attackiert er das System?

Denn möglicherweise spielt er auf Horst Buchholz an, der als rot glühender Kommunist in Billy Wilders Komödie *Eins, zwei, drei!* die Amerikaner ankeift: »Der Kapitalismus ist wie ein Hering im Mondschein. Er glänzt, aber er stinkt!« Oder sind wir schon bei Jesus, der zu Petrus sagte: »Ich bin Menschenfischer«? Ist Baxxters Fisch also nichts weniger als der Mensch? Die Seele? Vielleicht also fragt uns der Technopriester einfach: Wie viel ist ein Mensch wert? Was macht ihn aus? Kann man ein Menschenleben aufrechnen wie 100 Gramm Gehacktes? Vielleicht braucht unsere Gesellschaft noch ein paar Schritte nach oben auf der Intelligenzleiter, um Baxxter zu verstehen. Literarisch unterschätzen sollte man ihn nicht! Vor Kurzem entdeckte ich ein Hörbuch mit dem Titel: »H. P. Baxxter liest Erzählungen von Thomas Bernhard«. Die Musikwelt ist besser, als wir meinen, selbst intellektuelle Kanthölzer aus dem finsteren Reich des Schlagers sind nicht zum Stillstand verdammt. Auch Ballermann-Ikone Mickie Krause sollte man im »FAZ«-Feuilleton auf der Liste haben. Viele bezeichnen ihn vorschnell als musikalischen Peierskopp, aber auch er hat an sich gearbeitet. So resümierte er 2014 über seine Entwicklung:

»Ich bin ja nicht mehr dieser Schmuddelsänger von 1998, ›Zehn nackte Frisösen‹, ‚Zeig doch mal die Möpse‹ und so, sondern habe mich in den letzten Jahren mit ›Nur noch Schuhe an‹ oder ›Schatzi, schenk mir ein Foto‹ auch musikalisch weiterentwickelt, einem noch größeren Publikum geöffnet und bin kompatibler und erwachsener geworden.«

Krauses Selbstreflexion wirkt auf den ersten Blick recht anmaßend, sorgte er doch bisher nur für Skandale auf internationalem Parkett. Erwähnt sei hier der Eklat bei den Olympischen Winterspielen 2018 in Pyeongchang, ausgelöst durch seinen Song »Düp, düp«. Jedes Mal, wenn die schwedischen Eishockeydamen gegen die Koreanerinnen ein Tor schossen, erklang Krauses Refrain: »Alles klärchen am Bärchen, alles klar im BH, alles Roger in Kambodscha, alles wunderbar, ich lass den Bimbam baumeln.« Die Stadionregie hatte den Song fälschlicherweise für ein schwedisches Stimmungslied gehalten, und als man den Irrtum bemerkte, hatten die Koreanerinnen immerhin schon acht Buden kassiert, also achtmal »Alles klärchen am Bärchen«. Krauses Partyknaller »Finger im Po Mexiko« sorgte sogar für diplomatische Spannungen mit den Mittelamerikanern. Als der mexikanische Botschafter in Deutschland von dem Song erfuhr, rief er wutentbrannt die Muchachos von Krauses Plattenfirma an und las ihnen die Leviten. Vielleicht hätte es sein Gemüt etwas beruhigt, wenn man ihm erzählt hätte, dass der Titel auf einen Text von Kleist-Preisträger Max Goldt zurückgeht. Offensichtlich suchen auch die letzten Pfeifenhainer der Popmusik immer wieder nach Inspiration in der Hochkultur. Eine erfreuliche Entwicklung. Für Michael Wendlers Tristan-Inszenierung in Bayreuth würde ich mir jetzt schon Karten sichern.

DIE EUROPÄISCHE UNION

»Solidarität ist die Zärtlichkeit der Völker«, lautet ein alter Spruch. Und wenn Solidarität die Zärtlichkeit der Völker ist, dann ist die Europäische Union Erotik von der heißesten Sorte. »Union« heißt ja auch »Vereinigung«. In Brüssel und Straßburg kommen sich 27 Länder täglich näher.

Die Union von der erotischen Seite zu nehmen ist durchaus folgerichtig; gemessen an den grausamen Kriegen der Vergangenheit, ist der Umgang, den wir heute im Europaparlament miteinander pflegen, von wohltuender Zärtlichkeit: Wir diskutieren miteinander und ringen um Lösungen. Vor 80 Jahren war das noch ein peinlich naiver Traum. Und wie heute rechtspopulistische Parteien den Nationalismus pushen wollen, und zwar länderübergreifend (!), das ist ein erfreulicher Treppenwitz der Geschichte, der beweist, dass auch sie ein bisschen europäischer ticken.

Wir sehen heute den Frieden als Normalzustand an, das ist ein Lebensgefühl, von dem Generationen vor uns nur träumen konnten. Bob Dylan soll gesagt haben: »Frieden, das ist die Zeit, die man braucht, um die Waffe neu zu laden!« Unser Frieden ist anders. Er ist der längste, den wir je auf europäischem Boden hatten. Dieser Frieden ist aber keine Folge von Sonntagsreden, sondern Ergebnis der Struktur des geeinten Europas. Es ergibt für Merkel einfach keinen Sinn, Frankreich anzugreifen (zumal ihre Bussis mit Macron sichtbar mehr sind als nur staatsmännisches Ritual – da geht doch was!), für Hitler war das noch anders, für ihn war der Zwist mit dem Franzmann Verpflichtung. Die Erbfeindschaft mit den »Welschen« war Teil der reichsdeutschen DNA, so wie der Dortmunder Schalke hasst. Das europäische Lokalderby hat Deutschland immer wieder verloren, insofern tat Bundestrainer Adenauer gut daran, Frankreichs Teamchef de Gaulle die Hand zu reichen. Die Montanunion war der Grundstein des Europäischen Hauses. Vielleicht folgen ja bald auch die Dortmunder dem Beispiel und vereinigen sich mit den Gelsenkirchenern zu BVB 04. Mit »Union« haben die Dortmunder doch gute Erfahrungen gemacht.

Unser Europa ist nicht nur friedlich geworden, sondern auch offen für neue Visionen. Immer populärer wird die Utopie eines »nachnationalen« Europas der Regionen, einer europäischen Republik. Das heißt, ich bin zuerst Südharzer und dann schon Europäer, das Deutsche in der Mitte lassen wir einfach weg. Das geht natürlich vielen zu weit, man kann doch nicht dem Deutschen seine deutsche Identität nehmen und gegen eine europäische eintauschen! Es ist doch so schon verwirrend genug. Gibt es deutschtürkische Europäer? Den lustigsten Ethnomix lernte ich kennen, als ich mit einer vietnamesischen Familie in einem Haus wohnte. Die erwachsene Tochter hatte eine Tochter mit einem finnischen Studenten. Dieses Mädchen wächst mit vietnamesischer Mutter und finnischem Vater in Deutschland auf. Mit Finnisch, Deutsch und Vietnamesisch als Muttersprachen wird die Kleine bestimmt mal Weltmeisterin im Scrabble. Auch mache ich mir über ihre berufliche Zukunft (finnisch: tulevaisuus; vietnamesisch: tng lai) keine Sorgen. Ihr Leben kann ja nur interessant werden. Sicher wird sie irgendwann zu Markus Lanz eingeladen, der dann schwitzend entscheiden muss, als wen er sie dem Publikum vorstellt: als vietnamesisch-finnische Deutscheuropäerin? Oder vietdeutsche

Europäerin mit finnischem Background? Kann man überhaupt mehreren Nationen angehören? So rein gefühlsmäßig? Die Politikwissenschaftlerin Ulrike Guérot vertritt die Meinung, »die Nation sei kein Identitätsträger; die Deutschen, vormals nur Rheinländer, Sachsen, Hessen und Pfälzer, seien erst durch die allgemeine deutsche Krankenversicherung zu Deutschen gemacht worden« (Quelle: Wikipedia). Ich selbst habe mich nie so richtig als Deutscher gefühlt, was daran liegen könnte, dass ich privat versichert bin.

Eine inklusive europäische Identität als Ersatz für die nationale Identität klingt vielleicht nach Kramladen, irgendwie unpräzise. Aber bei Lichte betrachtet, ist die nationale Identität genauso Wischiwaschi. Was genau macht uns denn deutsch? Nationalisten wissen zuallererst, wer *nicht* dazugehört, Identität heißt erst mal, andere wegdefinieren, bevor man sagt, was die deutsche Nation überhaupt ausmacht. Und dann kommen die üblichen Schlagwörter: Fleiß, Pünktlichkeit, Thüringer Bratwurst und »Draußen nur Kännchen«. Die Nationalonanisten stellen sich vor Kriegsdenkmäler wie vor Riesendildos und atmen den Verwesungsgeruch der deutschen Geschichte. Mit ihnen verbindet mich nichts – seit ich Vegetarier bin, nicht mal die Thüringer Bratwurst. Mit einem koreanischen Filmfreak habe ich weit mehr gemeinsam als mit diesen Leuten. Dann lassen wir das mit der nationalen Identität doch lieber ganz! Und werden alle Europäer.

Überall in Europa dieselben Rechte zu haben ist eine faszinierende Vorstellung; es würde juristisch keinen Unterschied mehr machen, ob ich in Madrid wohne oder in Hückeswagen. Natürlich ist an der EU vieles Mist, aber das Schöne ist: Man kann sie ändern! Dass immer noch so vieles schiefläuft, liegt sicher auch daran, dass Europa bisher keinen interessiert hat (siehe Wahlbeteiligung). In Brüssel beschloss man über unsere Köpfe hinweg, aber mal ehrlich, haben wir denn auch mal geguckt, was die treiben? Was man im Europaparlament diskutierte, war dem Deutschen meistens egal. Eigentlich haben wir riesiges Glück gehabt, Brüssel hätte alles Mögliche beschließen können: die Gurtpflicht für Katzen, die Einführung von Flämisch als Amtssprache oder den Verkauf Brandenburgs an Russland – keiner hätte was gemerkt. Eine Ausnahme: Öffentlichen Aufruhr gab es zum ersten Mal, als es um eines der dringlichsten Themen der Menschheit überhaupt ging: die Form der Banane. Ähnlich erregt hatten Menschen bisher nur gestritten, wenn es um Gottesbeweise, das Wembley-Tor oder den Paragrafen 218 gegangen war. Wikipedia informiert ausführlich über die betreffende Verordnung (EG) Nr. 2257/94, die genau vorschreibt, wie die Banane vermessen werden muss:

»Das Messverfahren wird dabei insofern vorgeschrieben, als dass die Länge der Frucht über ihre Außenwölbung vom Stielansatz bis zum Blütenende gemessen und die Dicke der Frucht durch den Durchmesser in der Mitte der Frucht bestimmt wird. Maßgeblich für die Messung sind dabei die mittlere Banane der äußeren Reihe sowie die äußerste Frucht der äußeren Reihe.«

Die Frage, wie eine ordentliche Banane auszusehen hat, ist den meisten Menschen auf der Welt ziemlich egal, nur die Europäer haben da ganz präzise Vorstellungen. Sehr passend für den einzigen Kontinent, auf dem praktisch keine Bananen wachsen.

Während ich diese Zeilen schreibe, regt sich ganz Deutschland über die Personalie Ursula von der Leyen auf. Großartig! Dass man sich aufregt, beweist, dass es jemand mitgekriegt hat – ein Fortschritt. Und die Wahlbeteiligung bei der letzten Europawahl 2019 kann sich durchaus mit der Beteiligung an der Telefonabstimmung beim Dschungelcamp messen. Aber damit die Europaabgeordneten endlich bekannter werden als die C-Promis im Bügelfernsehen, ist noch viel Europamarketing nötig. Eine große Hilfe war der Einzug Martin Sonneborns ins Europaparlament. Viele halten ja DIE PARTEI für das Ende seriöser Politik, für mich ist sie ein Neuanfang. Sonneborn ist der einzige deutsche Abgeordnete, der auf den Schmierfaktor seiner Kollegen hinweist; wer einen Überblick über Interessenkonflikte von Europaabgeordneten und Kommissionsmitgliedern haben möchte, profitiert gratis vom Insiderwissen des Sonneborn. Selbstständlich kann man auch bei Sonneborn Abstimmungsergebnisse kaufen, daraus macht er keinen Hehl, setzt den Preis dafür aber so hoch an, dass mögliche Lobbygruppen dankend ablehnen würden. Im November 2019 kündigte er an, gegen die designierte EU-Kommission zu stimmen, es sei denn, man mache ihm ein Angebot in Millionenhöhe. Niemand überwies. Sonneborn muss man sich leisten können. Politische Unabhängigkeit ist eine Frage der Preispolitik. Und damit tut er mehr für ein besseres Europa als viele »seriöse« Abgeordnete.

Für eine Republik Europa brauchen wir noch die Amtssprache Englisch in allen Mitgliedstaaten. Stellen Sie sich vor, jeder spricht Englisch, überall! We sit all in the same boat. Sie können ins Ausland fahren und mit jedem Menschen reden. Ob sie in Marseille Stütze beantragen, in Bukarest ins Krankenhaus kommen oder in Stockholm einen Bagel bestellen: Der Beamte, die Ärztin, der Verkäufer – alle sprechen nur noch Englisch, und zwar fluently. Vielen macht das Angst, sie könnten beim Amt nicht mehr alles verstehen, aber schlimmer als Behördendeutsch kann es auch nicht werden. Oder wissen Sie, was eine Personenvereinzelungsanlage ist? Eine raufutterverzehrende Großvieheinheit? Eine Lichtzeichenwechselanlage? (Auflösung: Drehkreuz, Kuh, Ampel) Irgendwann kann also jede Kfz-Mechanikerin zwischen Lissabon und Lettland auf Englisch sagen, was der Bremsscheibenwechsel kostet, außer in Schottland, da versteht man gar nichts.

Mein subjektiver Eindruck ist, dass die Deutschen unter 30 heute schon viel besser Englisch können als die Jugend vor 20 Jahren. Das liegt natürlich am Internet mit seinen vielen englischen Texten und Videos, viele davon mit englischen Untertiteln, was noch mal einen schönen Lerneffekt bringt. Diese Generation ist dem Traum vom sprachlich vereinigten Europa so nah wie keine vor ihr. Wenn alle Menschen in Europa fließend Englisch sprechen, werden wir unsere Filme auch gleich in englischer Sprache drehen, damit endlich auch mal ein deutscher Film den Oscar gewinnt. Also, den richtigen für »Bester Film« und nicht den Trostpreis als »Bester fremdsprachiger Film«. Die Botschaft dieses Preises war stets: »Englisch könnt ihr nicht, aber der Film war ganz gut.« Doch nichts muss bleiben, wie es ist. Kurz nach der Niederschrift dieses Kapitels passierte das Wunder: Der koreanische Film *Parasite* von Bong Joon-Ho bekam den Academy Award 2020 und beendete die peinliche Ära der Filmparalympics.

Wenn wir Europäer erst einmal sprachlich vereint sind, rücken wir auch menschlich näher zusammen, da bin ich mir sicher. Mit den Worten Willy Brandts: There grows together what together belongs. Und irgendwann sind wir dann alle Bürgerinnen und Bürger der United States of Europe. Warum denn nicht? »Seien wir realistisch, versuchen wir das Unmögliche!«, lautet ein alter Spruch.

Partywissen:
Fremdsprachen gegen Alzheimer

Die Einführung der Amtssprache Englisch hätte noch eine nette gesundheitliche Nebenwirkung. Eine Langzeitstudie an der University of Edinburgh ergab, dass Menschen, die mehr als eine Sprache beherrschten, im Alter weniger geistige Fähigkeiten verloren. Auch eine Studie in Mailand weist darauf hin, dass Zweisprachigkeit die Alzheimerdemenz aufhalten kann. Selbst wenn man eine Sprache erst als Erwachsener lernt, kann offenbar der Abbau kognitiver Fertigkeiten gebremst werden. Ich habe deshalb dem Verlag vorgeschlagen, mein Buch zweisprachig herauszugeben, links auf Englisch, rechts die deutsche Spalte, dann könnte man das Buch als Demenzprophylaxe vermarkten. Antwort des Verlags: »Forget it!«

April 2021 die fabelhafte Welt der Pandemie

Ich hatte mein Buch so gut wie fertig und überlegte schon, was ich für die TV-Interviews Schönes anziehe, da kam das Virus über die Welt. Mitte März 2020 fuhr ich abends an unserer Kreisverwaltung vorbei. Um halb neun brannte noch Licht, und vor dem Gebäude parkten Dutzende von Autos. Jetzt bekam ich Angst. Die Horrorgeschichten aus China und der Lombardei hatten mich kalt gelassen, aber wenn deutsche Beamte um halb neun noch arbeiteten, musste die Lage verdammt ernst sein.

Uns freischaffende Künstler traf es hart und schnell. Mein Tourplan für 2020 war bumsvoll, doch ab Anfang März hagelte es Absagen im Minutentakt, ein Gig nach dem anderen wurde durchgestrichen, und mein Terminkalender sah bald aus wie eine Glückssträhne beim Bingo. Im Sommer gab es noch ein paar Shows mit Pandemie-Bestuhlung und Sicherheitsmaßnahmen wie beim G20-Gipfel. Aber dann war der Ofen ganz aus. Normalerweise brauche ich jedes Wochenende neuen Sprit, aber meine Tankfüllung von Anfang März 2020 reichte bis August. Ich schmiss meinen Terminkalender in den Müll und googelte Sachen, die man nur im Lockdown googelt: »Gardinen Preisvergleich«, »Wie lange ist Benzin haltbar?« oder »Rezepte mit extra viel Knoblauch«.

Ich verdiene zum Glück noch an diversen Tantiemen als Komponist, Autor und Radioproduzent. So nahm ich die Krise als unverhofftes Sabbatical und gab mich meiner geheimen Leidenschaft hin: dem Komponieren spätromantischer Klaviermusik. Ganze Tage saß ich am Piano und rückte Akkorde. Momente tiefer Versenkung ließen mich spirituell wachsen, ich fühlte die Präsenz der Sterne in meinem

Inneren – außerdem brauchte ich dieses Jahr keine Sommerreifen. Immerhin.

Aber seither wurde unsere Welt immer paradoxer. Lockdown heißt, Leben ruinieren, um Leben zu retten. Damit es weitergehen kann, muss alles den Bach runtergehen. Social Distancing heißt, keinen Spaß haben, damit wir weiter Spaß haben können. Wir sollen immer auf der Hut sein, das aber bitte ganz entspannt. »Bleiben Sie friedlich, es ist Krieg!«

Zu allem Übel kommt aus der Wissenschaft auch nur Widersprüchliches, Antworten auf drängende Fragen bleibt man uns schuldig: Hilft der Mundschutz, oder hilft er nicht? Stirbt man mit Corona oder an Corona? Heißt es » der Virus« oder » das Virus«? Derart sich selbst überlassen, fängt der Deutsche an zu googeln. Jede Woche gewinnt so die Bundesrepublik Hunderte neuer Top-Virologen dazu. Ein Fliesenleger aus Darmstadt beeindruckte mich mit seinen Facebook-Kommentaren zum Virus so nachhaltig, dass ich seine Kontaktdaten an das Robert Koch-Institut schickte, damit man dort mit dem Expertenwissen des Internetgenies die Welt retten kann. Einer der Hauptfehler des RKI liegt offenbar darin, dass man sich mit wissenschaftlicher Forschung aufhält, statt einfach zu googeln.

Wem diese Selbstapprobation im Internet zu anstrengend ist, der kann seine Ängste auch ganz bequem offline loswerden. Der einfachste Weg besteht im Leugnen und Verdrängen. Schmerzfreie Saufrudel auf Mallorca machten es vor und versuchten im Sommer 2020, das Virus im Sangria-Eimer zu ertränken. Verschwörungstheoretiker integrieren einfach die Krankheit in ihre unterhaltsamen Theorien und fühlen sich einmal mehr bestätigt. Zahlreiche Webseiten ohne Impressum können nicht irren: Alles Lüge; wie viele Chemtrails muss man inhaliert haben, um darauf hereinzufallen! Es gibt kein Virus, es gibt nur Bill Gates. Was für eine herrliche Entlastung für die angstgeplagte Seele.

Und dann kam auch noch die Corona-Warn-App, und alle Virus-Leugnerinnen wussten, woher das Aerosol weht: Die ganze Panikmache dient nur dazu, uns alle zu überwachen. Seltsamerweise gab es nicht halb so viel Aufruhr, als *Pokémon Go* an den Start ging – ein Handyspiel, das weit mehr Daten absaugt als die Corona-App und überdies schon so manchen Spieler das Leben gekostet hat, etwa durch Ablenkung im Straßenverkehr. Die Internetseite *Pokémon Go Death Tracker* führt darüber Buch, mit Einträgen wie: »Man has leg amputated after falling on to railway tracks while playing Pokémon Go« oder »Father and son beat man over Pokémon dispute«. Aber dieser Einwand perlt am Corona-Leugner ab wie Musik an Dieter Bohlen, er fantasiert von Elitesoldaten, die sich in deutsche Schlafzimmer abseilen und wehrlosen Menschen die Spritze in den Arm rammen. Die Niedergeimpften werden fixiert und bekommen zischend das Brandzeichen mit dem Konterfei von Karl Lauterbach verpasst.

In all dem Durcheinander bat man mich, dem Virus auch noch ein Kapitel in diesem Buch zu widmen. »Das kannst du nicht aussparen, Henning. Es ist die schlimmste Krise unseres Landes seit dem WM-Debakel 1998 unter Bundestrainer Berti Vogts. Schreib irgendwas!« Aber was kann man dem Virus schon Gutes abgewinnen? Wer profitiert davon, außer vielleicht Jeff Bezos und die Fernuniversität Hagen? Ist Corona nicht der ideale Booster für Dummheit und Egoismus und hält uns nur einmal mehr den mangelnden Fortschritt vor Augen? Ich denke, nein. Sicher eine kühne Behauptung, wir sind ja noch mittendrin. Wer weiß, was noch alles passiert? Aber auch in der Pandemie ist vieles gar nicht so düster, wie man meint.

Die meisten von uns würden eine Infektion gut wegstecken, haben also von den Sicherheitsmaßnahmen nur Nachteile. Das bedeutet, diese Einschränkungen sind eine gigantische Solidaritätsaktion mit den Alten und Kranken. Die stabile Mehrheit von uns verzichtet zu deren Gunsten auf Fußball, Feiern, Tindern und vieles mehr. Viel zu oft vergisst unsere Gesellschaft die Schwachen, im Moment jedoch passiert genau das Gegenteil.

Indem wir das Virus-Problem angehen, schaffen wir aber auch neue Probleme. Häusliche Gewalt, Depressionen, Bildungsdefizite und die Miete für das geheime Klopapier-Lager: All das schlucken wir, damit weniger Menschen sterben. »Ist das noch verhältnismäßig?«, fragen wir zu Recht. Wie viele depressive Kinder ist uns der Opa noch wert? Diese Kosten-Nutzen-Rechnung muss erlaubt sein, und für viele steht das Ergebnis schon lange fest: Wir machen alles nur noch schlimmer, so wie Loriot, der nur ein schiefes Bild geraderücken will und am Ende im Scherbenhaufen hockt.

Besonders ungerecht: Unter Lockdown und Kneipenschließungen leiden mehr Arme als Reiche. Aber deswegen die Maßnahmen zu verdammen, wäre reichlich naiv. Denn wenn das Virus wütet, sterben auch wieder mehr Arme als Reiche. Zwei Seiten derselben Bredouille. Aber neu ist das ja auch nicht. Bei welcher Krankheit, bitte schön, wären wohl die Reichen mal benachteiligt, außer vielleicht bei Kaviar-Allergie, Tennisarm oder Schnellboot-Schwindel.

Es dauerte nicht lange, und die ersten Kollateralschäden der Maßnahmen geisterten wie große schwarze Vögel durch die Presse. Auch mir wurde bang von Depressionsbilanzen und Berichten über abgehängte Jugendliche. Vielleicht läuft hier doch gewaltig was schief, dachte ich mir. Von Hannah Arendt wissen wir doch, dass gerade dann das Böse einzieht, wenn alle zusammen das Gute wollen. Ich hatte ehrlich Zweifel. Bis ich mir die eine Frage stellte: Wie kommen diese Zahlen eigentlich zustande? Es ist ja schon schwer genug, das rein Biologische korrekt abzubilden. Dabei geht es doch um die simple Frage: Covid 19 im Körper oder nicht? Und dann soll es bei derart vielschichtigen Problemen wie Bildungsdefizit, Depression oder häuslicher Gewalt auf einmal ganz einfach sein? Alle Zahlen korrekt, die Ursachen sonnenklar? Das wäre doch ein Wunder. (Übrigens: Der Begriff »häusliche Gewalt« ist nicht einmal einheitlich definiert, das variiert in den einzelnen Bundesländern.) Wer entscheidet denn, welche Depression eine Folge der Maßnahmen ist? Könnten da nicht auch andere Faktoren im Spiel sein? Denken Sie mal an Schalke-Fans oder SPD-Mitglieder! Ist Marvin wirklich Corona-bedingt durchs Abi gerasselt, oder wurde sein Hirn schon auf Instagram zerschossen?

(Seien wir ehrlich: Wenn Eltern die Intelligenz der eigenen Kinder bewerten, ist das Ergebnis fast immer falsch-positiv.)

Mir ist völlig klar, dass die Maßnahmen negative Folgen für die Psyche haben müssen, aber wie schlimm das alles tatsächlich ist, kann man derzeit - im April '21 – kaum überblicken. Beim Googeln und Zeitunglesen fand ich wenig Gründe für Panik, stattdessen Zitate wie das folgende von dem renommierten Angstforscher Borwin Bandelow der Universität Göttingen:

»Noch zu Beginn war davon ausgegangen worden, dass die Zahl der Suizide steigen wird – das ist ebenso ausgeblieben wie der Andrang auf psychiatrische Praxen.«

Meine Verblüffung war aber noch lange nicht am Limit. Fünf Minuten später las ich: Die Anzahl der Suizide in Nordrhein-Westfalen ist im Mai 2020 im Vergleich zum Vorjahr um 20 Prozent gesunken, in Frankfurt sogar um 30 Prozent. Wie kann das sein? Man weiß, dass in Krisenzeiten der gesellschaftliche Zusammenhalt stärker ist. So kommt es auch, dass ausgerechnet im Krieg die Suizidrate immer besonders niedrig ist, vermuten Psychologen. Der Feind von außen stärkt die Gruppensolidarität und damit das Gefühl des oder der Einzelnen, nicht allein zu sein, getragen zu werden. Aber Christiane Schlang, Leiterin der Abteilung Psychiatrie des Gesundheitsamtes Frankfurt, hat eine ganz andere, simple Erklärung für die niedrige Suizidrate in der Main-Metropole: »Etwa 20 Prozent der Menschen, die sich in den vergangenen Jahren im Stadtgebiet das Leben genommen haben, stammten nicht aus Frankfurt.« Es waren also Pendler, Touristen oder Wohnsitzlose. »Pandemie-bedingt haben sich in den ersten Monaten des Jahres 2020 weniger Menschen von außerhalb in Frankfurt aufgehalten«, so Frau Schlang. Sie mutmaßt also, die »fehlenden« Suizide hätten sich dann irgendwo anders ereignet, nur eben nicht in Frankfurt. Also müssten anderswo die Raten gestiegen sein. Das aber geben die Zahlen nicht her. Eine Meta-Analyse von Daten aus 21 Ländern (veröffentlicht im Fachmagazin »Lancet Psychiatry«) kommt zu dem Ergebnis: Auch international sind die Suizidraten in der Frühphase der Pandemie im ersten Lockdown stabil geblieben. Fazit: Wenn weniger Leute nach Frankfurt kommen, bringen sich insgesamt weniger um. Das wirft irgendwie kein gutes Licht auf Frankfurt.

Paul Plener leitet die Kinder-und Jugendpsychiatrie der Medizinischen Universität Wien. Man findet online zahlreiche Interviews mit ihm, in denen er einen Anstieg von Depressionen und Essstörungen bei Kindern und Jugendlichen im Zuge der Pandemie attestiert. Aber von einer »verlorenen Generation« möchte er nicht sprechen:

»Das ist ein defizitärer Begriff, der betont, was verloren wurde. Es mag ja sein, dass in der Pandemie weniger klassischer Schulstoff gelernt wird, aber auf der anderen Seite erwerben die Kinder im Rahmen der Krise Kompetenzen wie keine andere Generation zuvor – etwa digitales Lernen oder Selbstorganisation. Daher würde ich mich hüten, von einer ›verlorenen Generation‹ zu sprechen.«

Wohl gemerkt, das sagt einer, der dem Elend täglich ins Auge blickt. Warum sollte ein Psychiater die Verhältnisse schönreden wollen?

Ohnehin wird in den Medien fast immer nur »betont, was verloren wurde«. Betonen wir doch auch mal, was gewonnen wurde! Wenn wir die »Verhältnismäßigkeit« der Maßnahmen kritisieren, machen wir eine Gleichung auf, Nutzen links, Kosten rechts. Aber dann brauchen wir für beide Seiten auch Zahlen.

Fangen wir mit einer Frage an, die erstaunlicherweise nirgends eine Rolle spielt, obwohl sie doch die wichtigste Frage der Welt sein müsste: Wie viele Menschenleben haben wir eigentlich gerettet? Wir können die Überlebenden nicht zählen, so wie die Toten. Aber schätzen kann man sie, und die Ergebnisse sind atemberaubend. Eine Forschergruppe vom Imperial College London hat den Verlauf der Pandemie und die staatlichen Maßnahmen untersucht. Ihre Bilanz (veröffentlicht in der Fachzeitschrift »Nature«): »Nichtmedizinische Eingriffe, insbesondere Ausgangsbeschränkungen, hatten einen großen Effekt bei der Verringerung der Infektionen.« 3,1 Millionen

Menschenleben wurden demnach gerettet, allein in Mitteleuropa. Weltweit wurden etwa 530 Millionen Infektionen verhindert. Das ist nun elf Monate her, seither fahren die weltweiten Impfungen dem Virus kräftig in die Parade. Wie viele Millionen Menschenleben sind dadurch wohl auf die Haben-Seite gewandert? Wir wissen es nicht, aber wir sollten es wissen. Wie sonst könnten wir beurteilen, ob all die Einschränkungen »verhältnismäßig« waren?

Vergessen werden auch schnell die vielen anderen Krankheiten, die aufgrund der Maßnahmen nicht übertragen wurden. Die Grippewelle 2020 ist in Australien komplett ausgefallen, man hatte dort praktisch keine Toten. Das berichteten der »Stern«, die »TAZ«, der »Standard«, die »Ärztezeitung« und viele öffentliche und private TV-Sender. Die Maßnahmen haben Tausende Menschenleben gerettet, quasi aus Versehen. Hier in Deutschland haben wir laut Robert Koch-Institut die vier nervigsten Infektionskrankheiten von März bis August 2020 folgendermaßen eingehegt:

Masern: - 85,5 Prozent

Rotaviren: - 83,3 Prozent

Norovirus: - 78,7 Prozent

Keuchhusten: - 63,7 Prozent

Ähnliches gilt sicher auch für gewöhnliche Erkältungen, nicht zu vergessen die absolut tödliche Männergrippe und jede Menge Geschlechtskrankheiten. Infolgedessen gibt es auch weniger Krankmeldungen. Pandemie-bedingt waren das in Deutschland circa ein Fünftel weniger als im Vorjahr, laut «Apotheken-Umschau«.

Die großen Verlierer der Krise sind zweifelsohne Einbrecherinnen und Einbrecher. Kaum eine Zunft trifft es so hart wie die Artisten an der Brechstange, wenn Menschen über Monate nicht aus dem Haus gehen. Erbeutete man 2019 noch Diebesgut im Wert von etwa 292 Millionen Euro, kletterte man im ersten Pandemie-Jahr nur noch mit 216 Millionen aus deutschen Kellerfenstern – so die Statistik des Bundeskriminalamts von 2020. Es ist mir schon fast peinlich zu erwähnen, dass aber auch hier die Dinge sich schon vor Corona zum

Besseren entwickelt haben. Zählte man 2016 noch 151.265 Einbrüche in Deutschland, waren es 2019 nur noch gut die Hälfte: 87.145.

Im April 2021 meldete der »Kölner Stadtanzeiger«, dass die Kriminalität in Nordrhein-Westfalen gerade im Sinkflug wäre. Logisch: Wie soll ich einen Typen krankenhausreif prügeln, wenn der Honk einfach nicht aus der Tür kommen will? Auch Taschendiebe und Konsorten schauen dumm aus der Wäsche, wenn die Straßen leer sind. Aus demselben Grund war schon 2020 die Anzahl der Verkehrstoten auf einem historischen Tiefststand angelangt.

Diese »Kollateral-Freuden« der Maßnahmen werden weithin ignoriert, obwohl sie doch auch in die Kosten-Nutzen-Rechnung gehören. Millionen Menschen überleben, und so richtig interessiert das niemanden. Vielleicht war das alles nicht spektakulär genug, so wie einst die Rettung des Hobbyhöhlenforschers Johann Westhauser aus der Riesending-Höhle im Jahr 2014, damals medialer Dauerbrenner in Boulevard- und Edel-Presse. Tausend Meter unter der Erde lag er mit Schädel-Hirn-Trauma und Jochbeinbruch und wurde am Ende doch gerettet. Finanziell war das auch ein »Riesending«, denn gekostet hat der Spaß laut »Spiegel« 960.000 Euro. So viel kann Ihr Leben wert sein, wenn die Umstände günstig sind, sprich, wenn das Setting auf dem Bildschirm geil aussieht. Es dauerte elf Tage, bis man den schwer Verletzten endlich ans Tageslicht kurbeln konnte. Beteiligt waren daran 728 Helfer aus fünf Nationen. Das alles für nur einen Menschen. Die Zeitschrift »GEO« frohlockte: »Europa ist in der Tiefe zusammengewachsen.«

Die Corona-Krise hat nun gezeigt, dass die Europäer nicht nur unter Tage füreinander da sind. Las man noch in den ersten Wochen Schlagzeilen wie »Grenzen dicht« und »Schutzmasken gehamstert«, zeigte sich schon bald eine erfreuliche paneuropäische Solidarität. Die Denkfabrik European Council on Foreign Relations (ECFR) hat in jedem der 27 Mitgliedstaaten zusammentragen lassen, wer wem geholfen hat und womit. Polen schickte schon ganz früh medizinisches Personal nach Italien und Litauen mehr als 20.000 Schutzhandschuhe an die kroatische Polizei. Deutsche Krankenhäuser nahmen zahlreiche Covid-19-Patienten aus Frankreich, Holland und Italien auf. Slowenien bekam über eine Million Chirurgenmasken aus Tschechien. Wie viele Menschenleben hat alles das gerettet? Die Liste ist auf der Webseite des ECFR einsehbar und wird täglich ergänzt.

So weit, so schön, so rational. Aber zeigen uns die sogenannten Hygiene-Demos nicht, dass immer mehr Menschen da draußen einfach behaupten, dass eins und eins drei sind und sich auf dieses Rebellentum vor Kameras einen runterholen? Wie schon erwähnt, wurden die Corona-Verschwörungsmythen in bereits bestehende Gruselgeschichten integriert, die Mythen haben sich nicht vermehrt und die Leute, die daran glauben, auch nicht. In der Tat gibt es keine belastbaren Zahlen für das Anbrechen einer Ära des irrationalen Widerstands. Schätzt man mutig die Größe der Bewegung auf 100.000, mag das erst mal erschreckend aussehen: 100.000 Menschen auf einem Platz, die alle »Corona-Diktatur« brüllen. Aber auf 81 Millionen Deutsche gerechnet wären das in einer Gruppe von 1.000 Menschen nicht mal zwei, die pöbeln. Das wirkt schon viel entspannter. Zum Vergleich: Die Facebook-Seite der Wissenschaftsjournalistin Mai Thi Nguyen-Kim hat knapp 140.000 Abonnenten, (die Seite von Ranga Yogeshwar sogar noch ein paar mehr). Und illustriert damit, dass die öffentlich-rechtlichen Medien die Top-Krisengewinner sind. Wenn es nämlich ernst wird, verlässt sich der Deutsche keinesfalls auf Webseiten ohne Impressum, sondern liest den Corona-Ticker der »Tagesschau«. Die »TAZ« staunte nicht schlecht und berichtete:
»Im März des Jahres 2020 verzeichnete tagesschau.de im Durchschnitt rund neun Millionen Visits. Zum Vergleich: Im März 2019 lag der sogenannte Tagesmittelwert bei gerade einmal 2,6 Millionen.«

Das Vertrauen in die »Mainstream«-Medien hat sich also verdreifacht. Trotz Lanz und Lauterbach. Ähnliches gilt für die Wissenschaft, obwohl die uns seit Anfang März eher verwirrt und genervt hat. Schon im April 2020 hatte NRW-Ministerpräsident Armin Laschet den Kaffee auf und beschwerte sich über Virologen, »die alle paar

Tage ihre Meinung ändern!« Viele von uns legten sich einfach auf einen Experten fest, es kam zur Lagerbildung radikaler Fanboys. Hier das Team Lauterbach, dort das Team Streeck, da hinten noch die Drosten-Ultras. Doch eine Umfrage belegt, dass wir das Durcheinander in Wirklichkeit ganz gut aushalten. Die Seite »wissenschaft-im-dialog.de« erläuterte im April'21:

»Das Vertrauen in Wissenschaft und Forschung allgemein bleibt hoch. Aktuell geben 60 Prozent der Befragten an, Wissenschaft und Forschung eher oder voll und ganz zu vertrauen. Dieser Wert liegt unter denen der beiden Erhebungen des Wissenschaftsbarometers Corona Spezial im Frühjahr 2020, die im Mai bei 66 Prozent und im April bei 73 Prozent lagen. Der aktuelle Wert ist aber höher als die Werte der Wissenschaftsbarometer-Befragungen in den Vorjahren. Es fällt auf, dass in allen Surveys des Jahres 2020 der Anteil der Unentschiedenen geringer ist, als in den Vorjahren. Stabil bei niedrigen Werten bleibt dagegen der Anteil der Befragten, die angeben, eher nicht oder nicht zu vertrauen.«

Es gibt aber einen Punkt, der auch mir Bauchschmerzen bereitet hat: Was ist mit der Freiheit? Liegt unsere Demokratie nicht auch gerade intubiert im Krankenbett? Der Philosoph Professor Markus Gabriel beklagt das seit Monaten. Lockdowns lehnt er als unverhältnismäßig ab, bis auf den allerersten, der nötig war, weil man im März 2020 das Virus noch nicht ausreichend kannte. Er warnt vor dem aufkommenden »Hygienismus«, analog zu Rassismus, in der Pandemie würden Menschen auf ein einziges Merkmal reduziert: ansteckend oder nicht? Bei einem Waldspaziergang entdeckte ich kürzlich einen geschälten Baumstamm, auf den ein aufgeschreckter Rheinländer mit Edding geschrieben hatte:

»Aufwachen! Wer Freiheit gegen Sicherheit tauscht, verliert beides!«

Benjamin Franklin hat das gesagt, wenn auch deutlich differenzierter, und ohne das »Aufwachen!«. Und ich meine, es war Nietzsche, der sagte: »Gehst du zum Wald, vergiss den Edding nicht!« Und von mir selbst überliefere ich gerne aus meiner Kladde: »Du kannst einem Anarchisten nicht vorwerfen, dass er *unbeherrscht* ist.«

Es stimmt schon: Wir müssen aufpassen, dass wir uns aus Angst vor dem Virus nicht an Unfreiheiten gewöhnen. Wo soll das enden? Grundrechte sind nicht verhandelbar. Irgendjemand sagte, nicht das Leben sei unantastbar – das Grundgesetz spreche von der Würde des Menschen. Nun gut. Aber wie viele Tote ist es uns wert, dass fröhliche Corona-Leugnerinnen, bei hohen Inzidenzwerten, maskenfrei, dicht an dicht, zusammen trommeln dürfen? Würdevoll und frei. Ich gebe zu: Ich weiß es nicht. Demonstrationen zu verbieten, muss aber das letzte Mittel sein. Das sollte man unseren Behörden dringend ins Gesangbuch schreiben. Nicht das schönste Schlusswort, dachte ich mir, aber dann ende ich eben mein Buch mit einem Pamphlet für die Freiheit. Vorher wollte ich noch genau wissen, wie sehr man unser Versammlungsrecht in der Pandemie beschnitten hat und googelte los. Ich fing an mit einem Link der »TAZ«, denn die beschönigen da sicher nichts. Ich fand auch gleich einen Artikel, und was ich dann las, zog mir fast die Schuhe aus. Sie sollten sich auch hinsetzen, bevor Sie weiterlesen: So viele Demos wie 2020 gab es noch nie. Die »TAZ« schreibt am 17.03. 2021:

»Für das Grundrecht auf Versammlungsfreiheit war das erste Jahr unter Coronabedingungen ein außergewöhnliches – und dennoch keines, das die Anzahl der Proteste einschränkte. Die Jahresbilanz 2020 der Versammlungsbehörde zeigt das: 5.857 Demonstrationen und Kundgebungen wurden in Berlin gezählt, 254 mehr als im Jahr 2019, und damit so viele wie nie zuvor. Dazu kommen 1.837 geplante Veranstaltungen, die letztlich nicht abgehalten, teilweise verboten wurden.«

Offenbar leben wir in der besten Diktatur, die es jemals auf deutschem Boden gab.

Outtakes

Bei manchen Filmen sind die Outtakes das Beste. Sehr originell fand ich die Outtakes mit Patzern und Versprechern im Abspann des Animationsfilms (!) Toy Story. Das Scheitern vor Scheinwerfern hat immer Comedypotenzial, siehe Loriots Lottogewinner Erwin Lindemann (»Ich heiße Erwin Lottemann, bin 100.000 Jahre alt und Rentner«). Bei der monatelangen Arbeit an meinem Buch habe ich mich auch dauernd vertippt, und manche Fehler und Stilblüten waren so schön, dass ich sie mir notiert habe.

Elterngenration
Sinnenuntergang
klamm bei Kasse
Da hatte er Lunte geleckt
Anfallversicherung
Nestbeschmatzer
Stadtbimmel
Südspeisen
Herzschrottmacher
Bildungsl´cke
Was in den Schlachthöfen passiert, ist eine hammelschreiende Ungerechtigkeit.
Überzeugungstöter
Lebewiesen
Krakenhaus
Fruchtschiff
Wachstumsratten

ärztliche Küsse
Bundestagswohl
Hoffnungsschimmel
Spatzenreiter
Strammkneipe
Streaming-Anbieter bingen um ihre Marktanteile.

Statt eines Nachworts: Zehn Dinge, die ich gelernt habe:

1. Wenn Sie von schrecklichen Verhältnissen lesen, fragen Sie sich: Wie war das früher? Wie hat es sich entwickelt?

2. Hinterfragen Sie Zahlen, so gut es geht! (Gerne auch in meinem Buch.) Lesen Sie mehr zum Thema und halten Sie bewusst nach positiven Trends Ausschau. Ich verspreche Ihnen, Sie finden was.

3. Wenn Sie so etwas lesen wie: »um 15 Prozent verschlechtert«, fragen Sie immer: »Prozent von was?« Das rät der Kognitionspsychologe und Risiko-Forscher Gerd Gigerenzer. Mit Prozentangaben wird am meisten geschummelt.

4. Wenn es um ein Problem hitzige Debatten gibt, ist das Problem vielleicht gewachsen; es kann aber auch sein, dass wir nur viel sensibler für das Problem geworden sind.

5. Schauen Sie weniger Nachrichten! Nachrichten handeln meistens von Problemen und Katastrophen, nicht aber von Lösungen. Der Grund: Katastrophen kommen plötzlich, Lösungen erst mit der Zeit. Aber sie kommen!

6. Noch einmal: Weniger Nachrichten schauen! Das raten auch Psychologinnen, denn man könnte sich das »Gemeine-Welt-Syndrom« einfangen, das heißt, Sie nehmen die Welt dann viel bedrohlicher wahr, als sie ist.

7. Denken Sie niemals: »Das kann man nicht aus der Welt schaffen, das ist völlig illusorisch!« Fast alle Annehmlichkeiten unserer Gesellschaft waren noch vor 200 Jahren völlig illusorisch.

8. Meiden Sie scharfe Debatten in sozialen Medien! Meistens regen Sie sich nur auf und fühlen sich am Ende schlecht. Selbst, wenn Sie im Recht sind, wird der oder die andere das nie zugeben.

9. Machen Sie eine Liste mit Dingen, die Sie persönlich für erfreulich halten! Fragen Sie sich, ob das vor zehn oder 20 Jahren auch schon so war!

10. Trauen Sie sich, Utopien zu haben! Malen Sie sich aus, wie ein schöneres Leben aussehen könnte! Träumen Sie! Denn so fängt alles Gute an.

Der Autor

Ich bin von Geburt an Komiker, werde aber erst seit 2004 dafür bezahlt. In meinem letzten Programm *Hetzkasper – Zu blöd für Burnout* erforschte ich unser Arbeitsethos, Leistungsdenken und die Geheimnisse der Zeit. Im aktuellen Programm *Egoland* geht es um Identitäten, Altruismus und das liebe Geld.

Ich studierte in Göttingen Bücher auf Deutsch und Englisch und brachte es sogar bis zum Examen (Abschlussarbeit zu den Liedern von Franz Josef Degenhardt, »Kämpferische Zwischentöne«). Als Dozent in der Erwachsenenbildung unterrichtete ich für mehrere Jahre in Haupt- und Realschulkursen Menschen, die alles andere wollten, als im Haupt- oder Realschulkurs herumzusitzen. Nebenher schrieb ich erste Glossen für das Straßenmagazin »Der TagesSatz«. Schlussendlich blieb aber nur die Kunst als Lebensform, da alle potenziellen Arbeitgeber sich mit der Bedingung »morgens aufstehen« ins Aus geschossen hatten. Ich habe als Barpianist gearbeitet, beim Improvisationstheater spontan musiziert oder Texte und Musiken für Kollegen und Kolleginnen geschrieben. Seit nunmehr 15 Jahren stehe ich erfolgreich als Musikkabarettist auf Bühnen in ganz Deutschland, Österreich und der Schweiz sowie vor Kameras im Fernsehen. Daneben produziere ich Radiocomedy für Kinder (WDR, BR, NDR), und ich hatte zwei Jahre lang eine wöchentliche Kabarettkolumne in der Sendung »Berlin PolitiX« auf ZDFinfo.

Bibliografische Information der Deutschen Nationalbibliothek
Die Deutsche Nationalbibliothek verzeichnet diese Publikation in der Deutschen Nationalbibliografie; detaillierte bibliografische Daten sind im Internet über http://d-nb.de abrufbar.

Für Fragen und Anregungen
info@rivaverlag.de

Wichtiger Hinweis
Ausschließlich zum Zweck der besseren Lesbarkeit wurde auf eine genderspezifische Schreibweise sowie eine Mehrfachbezeichnung verzichtet. Alle personenbezogenen Bezeichnungen sind somit geschlechtsneutral zu verstehen.

Originalausgabe
1. Auflage 2021
© 2021 by riva Verlag, ein Imprint der Münchner Verlagsgruppe GmbH
Türkenstraße 89
80799 München
Tel.: 089 651285-0
Fax: 089 652096

Redaktion: Maike Specht
Umschlaggestaltung: Pamela Machleidt
Umschlagabbildung: Katharina Borgs
Satz: Satzwerk Huber, Germering
Druck: CPI books GmbH, Leck
Printed in Germany

ISBN Print 978-3-7423-1360-7
ISBN E-Book (PDF) 978-3-7453-1055-9
ISBN E-Book (EPUB, Mobi) 978-3-7453-1056-6

Weitere Informationen zum Verlag finden Sie unter

www.rivaverlag.de

Beachten Sie auch unsere weiteren Verlage unter: www.m-vg.de